Matthias Herdegen

Staat und Rationalität

Schönburger Gespräche zu Recht und Staat

herausgegeben von

Otto Depenheuer

und

Christoph Grabenwarter

Bd. 14

2010

Ferdinand Schöningh

Paderborn · München · Wien · Zürich

Matthias Herdegen

Staat und Rationalität

Zwölf Thesen

2010

Ferdinand Schöningh

Paderborn · München · Wien · Zürich

Bibliografische Information der Deutschen Nationalbibliothek

Die Deutsche Nationalbibliothek verzeichnet diese Publikation
in der Deutschen Nationalbibliografie;
detaillierte bibliografische Daten sind im Internet
über http://dnb.d-nb.de abrufbar.

Einbandgestaltung: Evelyn Ziegler, München

Gedruckt auf umweltfreundlichem, chlorfrei gebleichtem
und alterungsbeständigem Papier ♾ ISO 9706

(Verlag Ferdinand Schöningh GmbH, Jühenplatz 1, D-33098 Paderborn)

Internet: www.schoeningh.de

Printed in Germany
Satz: Martin Mellen, Bielefeld
Herstellung: Ferdinand Schöningh, Paderborn

ISBN 978-3-506-76770-7

Für
María Helena

Berger / Rafaler, Rechtstheorie 14, 33, Czynits DVBl 11, 1053, Schulze-Fielitz, DÖV 11, 785 (793), Lundmark, RTh 18, 243, Horn, DV 18, 867 (Rationalitätspflicht des Staates), Schliesky / Tischer DÖV 13, 361 (364, Rationalität der Verw.-Org., Funktionsgerechte Org., -Struktur - rechtsstaatl. Gebot, rechtsstaatl. Rationalität, Optimierungsgebot), Budäus / Hilgers, DÖV 13, 701 (707 - politische Rationalität, Managementrationalität)

Übersicht

I
Staat, Rationalität und Wirklichkeit

Das Verhältnis von Staat und Rationalität bezieht sich auf das Verhältnis von Recht und staatlichem Handeln zur Wirklichkeit und zu Wirkungszusammenhängen. So verstandene Rationalität lebt von der Begründbarkeit staatlichen Handelns nach Maßgabe verfügbaren Erfahrungswissens, der Logik und natürlicher Gesetzmäßigkeiten. Sie bildet durch Folgenabschätzung und Maßstab für angemessenen Mitteleinsatz ein notwendiges Element strategischen Handelns des Staates. In diesen Rahmen mag man eine spezielle rechtliche Rationalität verorten, die auf effiziente, in sich folgerichtige und möglichst vorhersehbare Durchsetzung normativer Standards und Sicherung normativ begründeter Erwartungen zielt. Die verbindliche Entscheidung darüber, ob und wie bestimmtes Wissen über Wirkungszusammenhänge normativ rezipiert wird, ist normativer Natur.

1. Rationalität und Zweck des staatlichen Handelns

Im Recht bezieht sich Rationalität grundsätzlich auf das Verhältnis von Regelungen und sonstigem Staatshandeln zu einem bestimmten Ziel oder Zweck, etwa Zwecken der Gefahrenabwehr, des Umweltschutzes, der Geldwertstabilität, Umverteilung, der Bändigung von marktbeherrschenden Stellungen, der Förderung bildungsferner Schichten oder der Sicherung von Arbeitsplätzen im globalen Standortwettbewerb. Die Zielbestimmung lässt sich dann einem Rationalitätsurteil unterwerfen, wenn sie auf falsifizierbaren Annahmen über die mögliche Verwirklichung und kausalen Verknüpfungen aufbaut. Mit *Max Weber* lässt sich hier von »Zweckrationalität« sprechen[1].

Dieser Begriff von Rationalität unterscheidet sich von einer gängigen, nicht nur im Feuilleton gepflegten Verkürzung, die das Urteil über Rationalität allein auf den Zweck oder die Wirkung einer Maßnahme in der Realität stützt. Dieser begrifflichen Verkürzung folgt die vom Zweck des Handelnden abstrahierende Qualifikation mancher Regelungen als »irrational«: etwa von gegen bestimmte Glaubensäußerungen gerichteten Regelungen wie des schweizerischen Minarettverbotes[2] (wegen seines die islamische Bevölkerung diskriminierenden Gehaltes) oder wirtschaftlicher Stimuli wie der »Abwrackprämie« (wegen der Verschleuderung von Haushaltsmitteln). Dabei verdrängt die wertende Perspektive des Betrachters die Finalität, die einer Regelung zugrundeliegt, wie zum Beispiel die Befriedung gesellschaftlicher Spannungen oder die vorübergehende Hebung der wirtschaftlichen Stimmungslage in der Bevölkerung auch um den Preis der Diskriminierung oder der greifbaren ökonomischen Fehlallokation von Ressourcen.

Hier zeigt sich die begrenzte Tragweite des Urteils über Rationalität oder Irrationalität. Zweckrationalität verbürgt für sich genommen noch keine ökonomische Sinnhaftigkeit und erst recht keine Legitimität im Sinne eines bestimmten Wertekanons. *Dies* leistet das Rationalitätsurteil dann – und erst dann –, wenn der verfolgte Zweck sich aus Sicht des Betrachters im Hinblick auf eine übergeordnete (rechtliche, ethische oder ökonomische) Ebene als sinnhaft und werthaltig darstellt. Unterschiedliche Bezugsebenen oder auch konkurrierende Zwecke führen eine Regelung oder Maßnahme unterschiedlicher Beurteilung zu. So mag sich auch ökonomisch Irrationales als rechtlich zulässig, vielleicht sogar als rechtlich geboten oder auch als ethisch legitim darstellen.

Jedoch wäre es unangemessen, Rationalitätsurteile als »wertfrei« zu begreifen und ihnen deshalb von vornherein nur mindere Bedeutung für eine normative oder ethische Bewertung zuzusprechen. Im rationalen Staat misst die Rechtsordnung dem Wirklichkeitsbezug von Eingriffen in Freiheitsrechte, von Differenzierungen und auch von staatlichen Leistungen zentrale Bedeutung zu. Verhältnismäßigkeit, Schutzpflichten, Willkürverbot oder spezielle Diskriminierungsverbote leben geradezu von der Beobachtung der Wirklichkeit und der Verinnerlichung von Erfahrungswissen durch Gesetzgeber und Normanwender. Im Völkerrecht spielt die Effektivität von Herrschaft etwa bei der Anerkennung von Staaten oder staatsähnlichen Regimen, aber auch bei historischen Gebietsansprüchen eine wesentliche Rolle[3]. Aber auch ethische Urteile knüpfen an die sachgerechte Verarbeitung von Kausalzusammenhängen, das Wissen über die Entwicklung menschlichen Lebens (in der »Bio-Ethik«) oder geschichtliche Verletzungserfahrungen etwa bei der Formulierung personaler Achtungsansprüche (Schutz der Menschenwürde oder allgemeines Persönlichkeitsrecht) an. Positivrechtliche und ethische Kategorien wie Fairness[4] oder Solidarität lassen sich nicht ohne Wirklichkeitsrelationen zur Geltung bringen.

2. Normativ begründete Werte und Rationalität

Ziele, die unmittelbar in normativ vorgefundenen Werten gründen, entziehen sich aus rechtsimmanenter Perspektive – im Gegensatz zum auf ihre Verwirklichung gerichtetem Handeln – ebenso wie die normativ begründeten Werte selbst einer Rationalitätsprüfung. Ihre Begründung ist unabhängig von der Bedeutung der Zielverwirklichung für die Lebenswirklichkeit und beruht in erster Linie auf normativer Setzung. Wenn Preisstabilität wie in der Euro-Zone[5] vertraglich zum obersten Ziel eines Währungsverbandes erklärt wird, liegt hierin zugleich die normative Begründung einer Begrenzung der Geldmenge. Wenn die Vermeidung übermäßiger Haushaltsdefizite[6] und Höchstgrenzen der Staatsverschuldung[7] als Staatsziele festgeschrieben sind, verlangt die Rechtsordnung keine weitere rationale Rechtfertigung einer restriktiven Ausgabenpolitik mehr, die diesem Ziel dient. Möglicherweise schädliche Wirkungen einer strikt geldwertorientierten Währungspolitik oder strengen Haushaltsdisziplin auf wirtschaftliches Wachstum und Beschäftigungsstand liegen dann außerhalb der rechtlichen Analyse. Neues Wissen über derartige Wirkungszusammenhänge kann nur Anlass zur Änderung normativer Setzungen bieten. Die Unvollkommenheit einer verfassungsrechtlichen Regelung aus empirischer Sicht bildet auch keinen operablen Maßstab für richterliche Entscheidungen, die dem Handeln des zuständigen Gesetzgebers vorgreifen[8].

In der komplexitätsreduzierenden Verschlankung von Zielkonflikten liegt sowohl die normative Steuerungskraft »eindimensionaler« ökonomischer Zielsetzungen im Recht als auch deren Anfälligkeit für Änderungsdruck bei Gefährdung konkurrierender wirtschaftlicher oder sozialer Belange von hohem Rang. Die Problematik solcher einseitigen Leitparameter liegt darin, dass sie das Handlungspotenzial auf nicht verlässlich antizipierbare (und erst recht nicht ausschließbare) Zielkonflikte dauerhaft verengen[9]. So steht ein ernsthafter Test für die auf Preisstabilität und Haushaltsdisziplin ausgerichtete Währungs- und Wirtschaftspolitik in der Europäischen Wirtschafts- und Währungsunion beim Zielkonflikt mit der Bekämpfung der Arbeitslosigkeit und ausgabenintensiver Konjunkturbelebung noch aus.

3. Wertrationalität und Empirie

Auch eine ihre Rechtfertigung in sich tragende »Wertrationalität«[10] kann in einem Zusammenhang zur Wirklichkeit stehen: nämlich als Ergebnis bestimmter geschichtlicher Erfahrungen, die hinter bestimmten normativen Wertentscheidungen stehen. Die Anerkennung der Menschenwürde (Art. 1 Abs. 1 GG) als »Höchstwert« der deutschen Verfassungsordnung[11] gründet wesentlich auf den (Verletzungs-) Erfahrungen aus der Zeit des Dritten Reiches, mit Staatsterror, mit der Vergötzung der »Volksgemeinschaft«, mit der Leugnung individueller Selbstbestimmung des Einzelnen durch den Staat und mit der nationalsozialistischen Rassenideologie. Das Gleiche gilt für die Anerkennung der »unverletzlichen und unveräußerlichen Menschenrechte als Grundlage jeder menschlichen Gemeinschaft, des Friedens und der Gerechtigkeit in der Welt« (Art. 1 Abs. 2 GG). Hinter der Verankerung des Bundesstaatsprinzips (Art. 20 Abs. 1, 79 Abs. 3 GG) stehen die Erfahrung mit der Leistungsfähigkeit einer föderalen Ordnung ebenso wie die Erfahrung ihrer Negierung durch eine zentralistische Diktatur.

Nicht die normative Geltung solcher verfassungsrechtlichen Wertentscheidungen, wohl aber deren Konkretisierung lebt wesentlich vom empirischen Bezug. So gibt die Erfahrung mit bestimmten Verletzungshandlungen interpretativen Ableitungen aus der Garantie der Menschenwürde in methodischer Richtung ein beachtliches Maß an intersubjektiv nachvollziehbarer Rationalität. Diese Verbindung mit geschichtlich erfahrener Verletzlichkeit prägt im Übrigen schon die

Vorstellung von Gottesebenbildlichkeit und menschlicher Würde bei *Thomas von Aquin*[12]. Das Gegenmodell rechtlicher Deutung sind religiöse oder weltanschauliche Offenbahrungslehren, die sich jeder interkulturellen Vermittlung oder Überprüfung entziehen[13].

4. Rationalität als interpretationsleitender Maßstab

Rationalität findet auch als interpretationsleitender Maßstab Eingang in das Recht. Ein Beispiel bildet die Deutung von Kompetenznormen im Dienste funktionaler »Richtigkeit«. Damit sollen Entscheidungen möglichst von den Organen getroffen werden, die nach ihrer Funktionsweise (Zusammensetzung, Sachkenntnis und Entscheidungsprozessen) am ehesten Gewähr für eine sachlich »richtige« (wirklichkeits- und zweckadäquate) Entscheidung bieten[14]. Der Verfassungsordnung liegt etwa eine in Funktion und Verfahrensweise begründete, der Unterschiedlichkeit der Erkenntnismöglichkeiten geschuldete Verteilung von Verantwortung bei der Beurteilung von komplexen und wissenschaftlich umstrittenen Sachverhalten zugrunde[15]. Dieser Auslegungsansatz begünstigt auch die grundsätzliche (Allein-) Zuständigkeit der Regierung für komplexe außen- oder verteidigungspolitische

Entscheidungen[16]. Er trägt auch die Rechtfertigung für die währungspolitischen Zuständigkeiten einer unabhängigen Zentralbank und die damit verbundene Durchbrechung des Demokratieprinzps im Interesse der Geldwertstabilität[17].

Jede teleologische Auslegung bis hin zu Maximierung des »*effet utile*« in der Rechtsprechung des Europäischen Gerichtshofes[18] transportiert Wirklichkeit als Auslegungsparamater. Ein Beispiel für diese Abbildung von Wirklichkeit im Tatbestand von Rechtnormen bildet die Deutung quantitativ überwiegender oder auch überproportionaler Betroffenheit bestimmter Gruppen von Frauen, Männern oder gesellschaftlichen Minderheiten: Die Judikatur des Europäischen Gerichtshofes begreift bei quantitativer Betrachtung die relativ hohe Betroffenheit von Angehörigen einer bestimmten Gruppe durch an sich diskriminierungsfrei geltende nachteilige Regelungen als eine grundsätzlich verbotene Diskriminierung aus Gründen der Gruppenzugehörigkeit[19]. Wenn es bei Diskriminierungsverboten auch um den Anspruch auf Veränderung einer vorgefundenen Wirklichkeit zugunsten einer bisher faktisch benachteiligten Gruppe geht, dann ist diese Deutung auch rational.

II
Die Bedeutung ökonomischer Effizienz und ethischer Reflektion

Der rationale Staat wird sich immer der Einsichten über ökonomische »Gesetzmäßigkeiten« bedienen. Er wird auch bei der Setzung von Wertentscheidungen und deren Konkretisierung den Dialog mit der Ethik pflegen. Aber die Eigenrationalität des Staates steht neben ökonomischer Effizienz und neben ethischer Reflexion.

1. Ökonomische Rationalität und Eigenrationalität der rechtlich verfassten Gemeinschaft

Ein wirkungsmächtiger Ansatz, das Verhältnis von Staat und Recht zur Wirklichkeit zu klären, liegt in der ökonomischen Analyse des Rechts, welche Normen und sonstiges Staatshandeln auf ökonomische Rationalität überprüft[20]. Finale Bezugsgrößen sind dabei insbesondere Wohlfahrtssteigerung, Instrumentalisierung des Eigennutzes und eine unter den Bedingungen von Güterknappheit möglichst effiziente Allokation von Ressourcen[21]. Insbesondere die Schaffung justiziabler subjektiver Rechte – als Vehikel der Durchsetzung auch der objektiven Rechtsordnung und des anhaltenden Wirklichkeitsbezugs der Rechtsanwendung – lässt sich im Sinne ökonomischer Effizienz der Rechtsordnung deuten.

Ökonomische Rationalität ist aber mit der Rationalität der rechtlich verfassten Gemeinschaft aus normativer Sicht nicht notwendig gleichzusetzen. Entscheidend kommt es darauf an, ob die für die ökonomische Analyse maßgeblichen Zwecke mit den normativ begründeten Zielen des Staates und der Rechtsordnung übereinstimmen oder nicht.

Selbst im Emissionshandelsrecht, das gerne als Triumph einer ökonomischen Rationalität gedeutet wird, herrscht der normativ geprägte Ausgleich rechtlich geschützter Interessen (unternehmerischer Freiheit und Allgemeininteresse an der Reduktion von klimaschädlichen Emissionen)[22].

Die Diskussion um den unverfälschten Wettbewerb als ein oberstes Ziel der Europäischen Wirtschaftsordnung unter dem Vertrag von Lissabon[23] oder um den »*more economic approach*« im Wettbewerbsrecht der Europäischen Union[24] zeigt, wie ökonomische Rationalität und die eigene, normativ geprägte Rationalität einer Rechtsordnung miteinander konkurrieren. Hier kann harmonischer Gleichlauf ebenso bestehen wie ein spannungsreiches Verhältnis. Ähnlich wie die Rationalität des positiven Rechts hängt die ökonomische Rationalität von bestimmten Präferenzen ab, die nicht naturgegeben sind. So kann ein unverfälschter Wettbewerb Ziel an sich sein, als Vehikel zur Verwirklichung von Verbraucher- und anderen wirtschaftlichen Interessen verstanden werden oder aber in seiner Letztbegründung auf Freiheitsrechte zurückgeführt werden[25].

Der Staat wird sich eine eindimensionale ökonomische Rationalität als normative Handlungsanweisung nur für eng umgrenzte Zwecke zu eigen machen. Ein solches Rollenverständnis liefert etwa der sog. »*rational investor*-Test« im EU-Wettbewerbsrecht. Danach stellen sich finanzielle Zuwendungen des Staates an bestimmte Unternehmen dann als (nur unter bestimmten Bedingungen zulässige) Beihilfen dar, wenn sie ein rationaler, d.h. an marktüblichen Renditen orientierter Investor nicht unter den gegebenen Bedingungen gewährt hätte[26]. Dass hier ein Verhaltensmuster *Privater* den Maßstab für eindimensionale ökonomische Rationalität im Sinne einer marktkonformen Renditeerwartung liefert, ist nicht überraschend. Denn der Staat verfolgt bei der Einwirkung auf Märkte und Wettbewerb – anders als private Wirtschaftsakteure – in seiner Verantwortung für das gesamte Gemeinwesen stets miteinander konkurrierende (ökonomische und nicht-ökonomische) Ziele, von der Sicherung von Arbeitsplätzen und der

Förderung technologischer Innovationen über die Stabilisierung ganzer Wirtschaftssektoren und des Finanzsystems oder den Umweltschutz bis hin zum sparsamen Umgang mit Haushaltsmitteln. Die Bewältigung dabei auftretender Zielkonflikte hat mehr mit wertender Abwägung als mit einer rational fassbaren Zweck-Mittel-Relation zu tun. Selbstverständlich lassen sich auch dort bei der Formulierung oder Auslegung von Rechtsregeln Wirkungszusammenhänge fruchtbar machen, etwa nach für die Zulässigkeit von Beihilfen zur »Behebung einer beträchtlichen Störung im Wirtschaftsleben eines Mitgliedstaates« nach Art. 107 Abs. 3 *lit.* b AEU im Hinblick auf die Stabilisierung des Finanzsektors, dessen Funktionsfähigkeit für das Wirtschaftsleben eines Staates schlechthin unerlässlich ist[27].

2. *Rationalität und Ethik*

Gesetzgebung, Rechtsprechung und Rechtswissenschaft sind gut beraten, auch zur Sicherung von Rationalität den Dialog mit der (Wissenschafts-) Ethik zu pflegen. Dieser Dialog dient sowohl der Sicherung von Wertrationalität als von Zweckrationalität. Die Disziplin der Ethik leistet einen wesentlichen Beitrag zur »Übersetzung« naturwissenschaftlicher Erkenntnisse und technischen Wissens in operable Maßstäbe der Urteilsbindung und Rechtsfindung[28]. In den Leitvorstellungen der menschlichen Person im Hinblick auf Achtungsansprüche und gemeinschaftsbezogene Verantwortung des Einzelnen berühren sich staatliche Rechtsetzung, Theologie und Philosophie insoweit, als sie grundlegende normative oder ethische Standards (etwa in Bezug auf den Schutz der Würde des Menschen) aus geschichtlichen Verletzungserfahrungen schöpfen[29]. Selbstverständlich muss dabei gerade der demokratisch verfasste, religiös neutrale und weltanschaulich offene Staat auf der Deutungshoheit über Begriffe des positiven Rechts bestehen. Aber er wird dabei aber auch die geistesgeschichtlichen Grundlagen seiner Rechtsordnung im Blick behalten.

III
Verzicht des Staates auf überzeitliche Wahrheiten

Der rationale Staat beginnt mit dem Verzicht: Er verzichtet darauf, überzeitliche Wahrheiten verbindlich zu machen und den Rechtsgehorsam zur Gewissenspflicht zu machen.

1. Die Skepsis des rationalen Staates

Der rationale Staat ist ein gegenüber objektiver Erkenntnis und deren Möglichkeiten stets skeptischer Staat. Hierzu gehört auch die Bereitschaft, staatliches Handeln leitende Annahmen falsifizieren zu lassen. Dabei bleibt der Staat selbst gegenüber der Annahme gesicherten Erfahrungswissens ein skeptischer Staat. Denn »solange menschliche Erfahrung nicht abgeschlossen ist«, bleibt auch Wissen dieser Art »immer nur Annäherungswissen, das nicht volle Gewissheit vermittelt, sondern durch jede neue Erfahrung korrigierbar ist und sich insofern immer nur auf dem neuesten Stand unwiderlegten möglichen Irrtums befindet«[30].

Diesem Befund steht nicht entgegen, dass sich in Geschichte und Gegenwart manches Gemeinwesen und manche Staatsidee mit der Aura des »Rationalen« umgaben und umgeben, weil sie sich im Besitz durchaus diesseitiger Wahrheiten wähnen – sei es in Bezug auf Deutungen der Vergangenheit, auf gegenwärtige Wirkungszusammenhänge oder auf Zukunftsprognosen. Hierzu gehören der nationalsozialistische Rassenwahn mit der von ihm beschwörten Verantwortlichkeit des »Weltjudentums« für alle möglichen Verhängnisse und mit der propagierten Überlegenheit der nordischen Rasse ebenso wie andere antisemitische Lehren. Pseudo-Rationalität eignet auch manchen kommunistischen Lehren mit weltlichen Heilserwartungen, die sie an eine staatszentrierte Wirtschaftsordnung und die Diktatur des Proletariats geknüpft haben. Auf Widerlegungsversuche mit einer intersubjektiv vermittelbaren Basis reagieren all solche Ordnungen und Strömungen seit jeher mit radikaler Verfolgung.

2. Rationalität und Pluralismus

Mit dem Verzicht auf Bewertung individuellen Handelns im Sinne eines Wahrheitsanspruches erfüllt der rationale Staat eine Grundvoraussetzung einer pluralistischen Ordnung, die ihrerseits Bedingung einer funktionsfähigen Demokratie ist[31]. Umgekehrt erleben geschlossene religiöse oder naturrechtliche

Leitbilder von Staat und Gesellschaft alle Formen von Pluralismus als Bedrohung[32]. Eine staatliche Ordnung, die einem von empirischen Zusammenhängen völlig abstrahierenden und einem ganz auf überzeitlichen Gewissheiten aufbauenden Plan folgt, kann auf solchen Zusammenhängen gründenden Falsifizierungsversuchen keinen Raum geben.

Dieser Zusammenhang von Rationalität und Pluralismus liefert auch eine wesentliche Rechtfertigung für begrenzte Toleranz des rationalen Staates gegenüber politischen Anschauungen, die das Gesellschaftssystem nach dem Vorbild eines Gottesstaates oder sonst ganz nach religiösen oder weltanschaulichen Vorstellungen ordnen wollen[33]. Das Modell der »wehrhaften Demokratie«[34] reagiert auf solche Bedrohungen mit Instrumenten wie Parteiverbot (etwa nach Art 21 Abs. 2 GG) oder Vereinigungsverbot (wie in Art. 9 Abs. 2 GG). Weiter gehen einzelne streng säkulare Modelle der Trennung von Staat und Religion, wie die kemalistische Verfassung der Türkei[35] oder (in etwas milderer Form) der Laizismus der Französischen Republik, die im staatlichen Sektor jegliche oder zumindest auffällige Formen des religiösen Bekennens und Werbens (wie das islamische Kopftuch[36]) verbieten.

In dieser Verbannung des kämpferischen Eintretens für bestimmte Weltbilder oder des schlichten

Bekenntnisses hierzu aus dem politischen Leben oder aus staatlichen Funktionsbereichen scheint für den pluralistischen Staat ein schwer auflösbares Dilemma auf: Denn gerade die Offenheit für konkurrierende Entwürfe für die Ordnung des Gemeinwesens, subjektiv-rechtlich durch Meinungsfreiheit und andere Kommunikationsrechte sowie die Religionsfreiheit abgestützt, sperrt sich gegen eine Ausgrenzung einzelner Weltanschauungen oder religiöser Vorstellungen. Deswegen wird das Verbot bestimmter »fremder« Glaubensäußerungen im Interesse gesellschaftlicher Homogenität oder auch des sozialen Friedens wie das vom Schweizer Volk beschlossene Verbot des Neubaus von Minaretten gerne als Ausdruck von »Irrationalität« angegriffen[37]. Deswegen tut sich der freiheitliche Rechtsstaat auch mit dem Verbot von religiös oder weltanschaulich geprägten Lebensäußerungen so schwer. Die deutsche Judikatur zum Kopftuchverbot für eine Lehrerin in öffentlichen Schulen[38] belegt diese Unsicherheit in beredter Weise. Besonders brisant ist hier die Einwirkung der Religionsfreiheit auf die Ausübung eines öffentlichen Amtes, da die Betätigung des Glaubens hier die Ausübung freiwillig übernommener staatlicher Funktionen mitprägt. Aber auch die völlig »private« Ausübung der Religionsfreiheit kann für sich, nicht ohne jede Rücksicht auf Allgemeininteressen wie etwa den staatlichen Bildungsauftrag und die staatliche Aufsicht über elterliche Erziehung (Art. 6 Abs. 2 S. 2 GG) eine Freistellung von staatlichen Verhaltensanforderungen begründen[39].

3. Rationalität und religiöse Neutralität des Staates

Der Verzicht auf überzeitliche Wahrheiten drängt den Staat zur religiösen (und weltanschaulichen) Neutralität. Diese Neutralität wird oft, im deutschen Staatsrecht[40] wie in der Rechtsprechung des Europäischen Gerichtshofes für Menschenrechte[41], als Äquidistanz zu allen Religionen und Glaubensgemeinschaften (zu allen Weltanschauungen und weltanschaulichen Gemeinschaften) verstanden. Zu dieser Neutralität gehört, dass der Staat die Legitimität der Äußerungen eines religiösen (oder weltanschaulichen) Bekenntnisses nicht bewerten darf[42]. Auch die ängstliche Vermeidung jeglichen Bekenntnisses zum christlich-abendländischen (oder auch zum alttestamentarisch-jüdischen) Erbe in der Präambel des gescheiterten Verfassungsvertrages für Europa[43] und auch in der Präambel des EU-Vertrages in der Fassung seit Inkrafttreten des Vertrages von Lissabon ist diesem Verständnis geschuldet. Die Religions- und Weltanschauungsfreiheit, die Freiheit des Gewissens, die Trennung von Staat und Kirche und das Verbot der Ungleichbehandlung aus Gründen des religiösen oder weltanschaulichen Bekenntnisses[44] begründen eine solche Äquidistanz zumindest als Prinzip.

Jeder Eingriff in die positive oder negative Glaubensfreiheit stürzt den rationalen Staat in schwierige Rechtfertigungszwänge und löst oft große Unsicherheit über die handlungsleitenden Maximen aus. Die deutsche Judikatur zum Schulgebet[45], zum Kruzifix[46] oder zum Kopftuchverbot für Lehrer[47] belegt diese Unsicherheit ebenso wie die Rechtsprechung des Europäischen Gerichtshofs für Menschenrechte zum Kruzifix[48] in beredter Weise. Der Straßburger Gerichtshof hält das Kopftuchverbot an der Universität Istanbul für gerechtfertigt[49]. Dagegen hat der UN-Menschenrechtsausschuss an einem solchen Verbot an der Universität Taschkent Anstoß genommen[50]. In der modernen kontinentaleuropäischen oder anglo-amerikanischen Rechtslehre sind Äußerungen, die sich offen zu einer religiös (etwa jüdisch-christlich) geprägten Vorstellungswelt als Rechtfertigung für Verhaltensregeln bekennen[51], die Ausnahme.

Auch Kirchen und andere Glaubensgemeinschaften in Deutschland und anderswo folgen oft dem Äquidistanzgedanken, wenn sie jede Beschränkung der

Betätigung eines anderen, selbst eines ihnen inhaltlich oder geistesgeschichtlich eher fernstehenden Glaubens als für sich bedrohlich empfinden und – im wirklichen oder scheinbaren Eigeninteresse – kritisieren[52].

Jedoch wird Äquidistanz auch im rationalen, religiös neutralen Staat nur unter Bedingungen der strengen Laizität völlig konsequent durchgehalten, wie sie in Frankreich[53] oder auch in den Vereinigten Staaten[54] herrschen. In zahlreichen, wenn nicht in den meisten modernen Rechtsstaaten mit voller Glaubens- und Weltanschauungsfreiheit erweist sich die Formel von der Äquidistanz als unterkomplex, weil sie die verfassungsrechtlichen Grundlagen unvollkommen erfasst oder gar schlicht verfehlt. Denn auch eine im Grundsatz vorhandene Äquidistanz weicht oft einer mehr oder weniger subtil ausgeprägten Präferenz oder Ablehnung. Eine Distanzierung des Staates darf sich im religiös und weltanschaulich neutralen Staat aber nur auf bestimmte Betätigungen eines Bekenntnisses beziehen, in denen ihrerseits Ferne zu den Grundwerten einer pluralistischen und demokratischen Ordnung bekundet wird. So nimmt der Europäische Gerichtshof für Menschenrechte beim Verbot bestimmter Vereinigungen oder bestimmter Glaubensäußerungen (Kopftuch) auch auf die aggressiv-fundamentalistischen Tendenzen mancher islamistischen Strömungen

Bezug[55]. Dabei lässt der Gerichtshof anklingen, dass gebotene Offenheit des Staates dort endet, wo religiöse Vorstellungen und Ausdrucksformen des Bekenntnisses in Widerstreit mit Toleranz, Achtung für andere, Gleichheit und Nichtdiskriminierung treten[56]. Dieser Grundsatz gilt unterschiedslos für alle Religionsgemeinschaften. Der Unterschied bei der rechtlichen Behandlung fußt auf dem in der Wirklichkeit erfahrbaren Selbstverständnis einer Religionsgemeinschaft. Äquidistanz erweist sich damit nur als erster Ansatz und als widerlegliche Vermutungsregel zugungsten gebotener formaler Gleichbehandlung.

Eine Verfassung wie das Grundgesetz der Bundesrepublik Deutschland, das mit einer *nominatio Dei* in der Präambel beginnt (»Im Bewusstsein seiner Verantwortung vor Gott…«), folgt einem Menschenbild und einer Vorstellung von staatlicher Gemeinschaft, die zu einer Vergötzung des Staates oder einer im landläufigen Sinne »gottlosen« Herrschaft in diametralem Gegensatz steht[57]. In Deutschland bekennen sich Rechtsprechung[58] und herrschende Staatsrechtslehre[59] vorsichtig (oft etwas verschämt) zu einer Präferenz für das christliche (christlich-jüdische) Erbe als einen geschichtlich prägenden Kulturfaktor. Sie gehen damit weiter als die Präambel des EU-Vertrages mit ihrer peinlichen Vermeidung christlich-abendländischer Anklänge.

Aber schon die Anerkennung der homogenitätsbegründenden oder gar identitätsstiftenden Bedeutung des christlichen oder auch nur des »abendländischen« Erbes erscheint manchen als eine Art Tabubruch. Dennoch greift auch der moderne, rationale Rechtsstaat bis heute (wenn auch mit größerer Befangenheit als früher) auf religiöse Symbole und das offene Bekenntnis zu bestimmten religiösen Inhalten zurück, von der religiösen Formel beim Amtseid über die *invocatio Dei* in Nationalhymnen, auf Banknoten oder Koppelschlössern bis hin zum Kruzifix in öffentlichen Gebäuden[60] oder dem Gebet in staatlichen Schulen[61].

Dabei schöpft die Formel von der kulturgeschichtlich prägenden Rolle etwa des Christentums die tieferen Gründe für die Nähe oder Ferne bestimmter Religionen zu Staat und Rechtsordnung nicht völlig aus. Letztlich kann ein Staat die unterschiedliche Beziehung oder Distanz einer Religion zu den tragenden Prinzipien seiner Rechtsordnung nicht völlig ignorieren – wenn er sich nicht völlig darauf verlassen will, dass sich im Wettstreit der gesellschaftlichen Strömungen schon die Kräfte durchsetzen werden, die hohe Affinität zu den staatlichen (verfassungsrechtlichen) Grundwerten aufweisen. Für den rationalen Staat darf es aber nie ein bestimmter Glauben oder die Zugehörigkeit zu einer bestimmten Glaubensgemeinschaft sein, die *als solche* (d.h. als Expression einer in sich geschlossenen Vorstellungswelt) Präferenz oder Benachteiligung tragen. Vielmehr kann es allein auf die Affinität oder Distanz zu religiös neutralen Grundwerten oder rechtlich geschützten Belangen wie »Verfassungstreue«, rechtliche Gleichstellung von Mann und Frau, Kern der grundrechtlichen Ordnung oder – weniger grundsätzlich – auf das »Einfügen« eines religiösen Gebäudes in eine vorhandene Bebauung im konkreten Fall ankommen. Eine Glaubensgemeinschaft kann sich dabei in einem Fall in großer Affinität und in einem anderen in großer Distanz zu diesen säkularen Belangen bewegen.

In eine heikle Grauzone taucht der rationale Staat ein, wenn er Präferenzen zum Schutz einer von herrschenden gesellschaftlichen Vorstellungen konturierten »öffentlichen Ordnung« vornimmt, also gesellschaftliche Homogenität schützt. Dies kann dann legitim sein, wenn es um die Vermeidung oder Bewältigung schwerer sozialer Spannungen geht und die Spannungen durch die Distanz einer Glaubensgemeinschaft zu den Prinzipien der rechtlich verfassten Gemeinschaft ausgelöst wird. So kann sich in Tirol mit seiner überwiegend katholischen Bevölkerung ein Verbot für einen weithin als gotteslästerlich empfundenen Film als zulässige Einschränkung der Meinungsfreiheit aus Art. 10 EMRK darstellen[62], während in anderen Teilen

Europas Abweichendes gelten mag. Mangelnde Assimilationsbereitschaft allein vermag aber unter den Bedingungen staatlicher Neutralität nicht eine nachteilige Differenzierung zu rechtfertigen.

4. Rationalität und gesellschaftliche Homogenität

Ähnliche Probleme birgt die abwehrende Regelung eines bestimmten Verhaltens oder einer bestimmten Verhaltensorientierung, welche die Mehrheit der Gesellschaft als homogenitätsgefährdende Abweichung von etablierten Lebensformen begreift. Im Falle *Romer v. Evans* musste sich der US Supreme Court mit der Rationalität einer – durch Referendum beschlossenen – Änderung der Verfassung von Colorado auseinandersetzen, die jeden besonderen Schutz von Personen aufgrund deren Homosexualität (oder anderer sexueller Orientierung) ausschloss[63]. Dieses Referendum reagierte auf mehrere Diskrimierungsverbote auf kommunaler Ebene (auch mit Wirkung für private Rechtsbeziehungen). Die Mehrheit des amerikanischen Supreme Court sah in der Verfassungsänderung eine »Animosität« gegenüber der betroffenen Personengruppe wirken[64] und verneinte deshalb eine »rationale« Beziehung zu einem legitimen Regelungszweck[65]. Das Sondervotum des Richters *Scalia* (dem sich Chief Justice *Roberts* und Richter *Thomas* angeschlossen haben) fand dagegen für den Ausschluss des besonderen Schutzes Homosexueller sehr wohl eine legitime rationale Basis, nämlich in der bezweckten Bewahrung traditioneller Rollenbilder (ähnlich wie beim Verbot der Polygamie)[66]. Animosität gegen bestimmte Verhaltensformen oder Rollenverständnisse disqualifiziert demnach hiervon geleitete Maßnahmen in einem »Kulturkampf« nicht als irrational[67]. Dieser Sichtweise wird man zugeben müssen, dass der Ausschluss eines besonderen Diskriminierungsschutzes durchaus in einem rationalen Verhältnis zur bezweckten Bewahrung einer herrschenden Sexualmoral und der Privatautonomie stehen kann. Die Rechtfertigung einer in diesem Sinne rationalen Maßnahme hängt ganz am verfolgten Zweck. Hier bestätigt sich wieder, dass die Rationalitätsprüfung in einer wertgebundenen Ordnung das abschließende Urteil über Zulässigkeit oder Legitimität nicht vorwegnimmt oder vollständig determiniert.

Wenn eine Rechtsordnung den geschichtlich in einer Gesellschaft tief verwurzelten Moralvorstellungen oder Verhaltensstandards einen Eigenwert (auch losgelöst von falsifizierbaren Sorgen um andere rechtlich anerkannte Belange) zuerkennt, entscheidet die rationale Zweck-Mittel-Relation über die Rechtmäßigkeit eines

Verbotes. Dies illustriert etwa die umstrittene Entscheidung des Bundesverfassungsgerichts zum strafbewehrten Verbot des Inzestes[68].

5. *Rationalität und Legitimität staatlicher Herrschaft*

Die Maxime »*Auctoritas, non veritas facit legem*«[69] gibt der Falsifikation von Grundannahmen staatlichen Handelns Raum, ohne die Legitimität von Recht und Staat zu gefährden. Ebenso ruht demokratische Legitimität von Entscheidungsgewalt nicht auf einem letztverbindlichen Wahrheitspostulat. Zugleich versetzt die von inhaltlichen Richtigkeitsansprüchen abstrahierende Begründung des Rechtsgehorsams den Staat in die Lage, als legitimer Schiedsrichter zwischen Ansprüchen und Grundpositionen unterschiedlicher religiöser und weltanschaulicher Gruppierungen zu agieren.

Allerdings sichert in diesem Sinne rationale Herrschaft nicht unbedingt Akzeptanz und Rechtsgehorsam aus der Sicht derjenigen, die Legitimität von staatlichen Entscheidungen an metajuristische Standards etwa religiöser Herkunft binden. Der rationale Staat kann hier auf das individuelle Gewissen durch die Eröffnung gewissensschonender Alternativen (wie etwa den zivilen Ersatzdienst für Kriegsdienstverweigerer aus

Gewissensgründen[70]) oder durch die Milderung von Sanktionen für Gewissenstäter[71] Rücksicht nehmen, ohne die sachliche »Richtigkeit« seiner Entscheidungen in Frage zu stellen.

6. Delegation von Entscheidungen unter Bedingungen der Unsicherheit

Ein »outsourcing« auch normativ geleiteter Urteile durch den Einsatz von vermutetem Sachverstand bei der Rechtsanwendung sichert nur bei empirisch oder naturgesetzlich fassbaren Wirkungszusammenhängen verlässlich einen Gewinn an Rationalität. Bei Werturteilen gewährleisten Ethikkommissionen und andere Gremien vor allem ein Mehr an gesellschaftlicher Akzeptanz und Transparenz der urteilsleitenden Kriterien, vielleicht auch (insbesondere durch eine eigenständige Folgenabschätzung) an Rationalität in der Sache. Hierzu gehört etwa die Bewertung der »ethischen Vertretbarkeit« von Stammzellforschung (§§ 5, 6 Abs. 4 Nr. 2 Stammzellgesetz) durch eine Zentrale Ethikkommission (nach § 9 Stammzellgesetz) mit Vertretern der Fachrichtungen Biologie, Ethik, Medizin und Theologie.

7. Die Verknüpfung von Norm und Wirklichkeit als staatliche Entscheidung

Für die Zwecke der Setzung und Anwendung von Recht entscheidet der Staat nach Maßgabe der Verfassung und völkerrechtlicher Bindungen über Relevanz und Notwendigkeit der Verknüpfung von Wirklichkeit und Normativität. Insbesondere verfassungsrechtliche Wertentscheidungen können rationale Verknüpfungen in einem bestimmten Sinne steuern oder ganz kupieren.

a) Das strafrechtliche Schuldprinzip

Das strafrechtliche Schuldprinzip setzt Eigenverantwortlichkeit individuellen Verhaltens jedenfalls in der Typik voraus[72] und schneidet damit die Frage nach der Willensfreiheit als Begründungsansatz ab. Auch das Grundgesetz geht mit der Anerkennung des Nexus von Strafe und Schuld von der grundsätzlichen Schuldfähigkeit des Menschen aus[73]. Dabei ist Schuld eine normative Kategorie des Strafrechts, die eine notwendige Bedingung für die strafrechtliche Verantwortlichkeit des Einzelnen begründet. In diesem normativen Sinne hängt das Verständnis von Schuld (ebenso wie die Willensfreiheit im Zivilrecht) auch davon ab, ob man eine (metaphysische) deterministische oder indeterministische Sicht nahelegt. Ergebnisse der modernen Hirnforschung zu einem angeblichen Determinismus sind deshalb (verfassungs-) rechtlich nicht ohne weiteres relevant. Allerdings mag grundsätzlich neues Wissen, das verfassungsrechtlich abgestützte, empirisch aber falsifizierbare Annahmen widerlegt, zu einer Neuinterpretation der dirgirienden Normen oder auch – bei völliger Widerlegung der hinter der Norm stehenden faktischen Annahmen – dazu führen, dass die Norm selbst obsolet wird. Würde wissenschaftliche Erkenntnis zur Determination individuellen Handelns die den strafrechtlichen Zusammenhängen von Verhalten und Eigenverantwortlichkeit (Willensfreiheit und Schuld) zugrundeliegende Annahmen im Kern erschüttern, würden wohl die Achtung der Menschenwürde (Art. 1 Abs. 1 GG), aber auch das Rechtsstaatsprinzip und das den Freiheitsrechten immanente Gebot verhältnismäßiger Strafe zu einer Umformung des strafrechtlichen Sanktionssystems zwingen. Dabei stehen der Möglichkeit einer solchen Erkenntnis (eines wissenschaftlich begründeten Determinismus) bereits tiefgreifende erkenntnistheoretische Vorbehalte gegenüber[74]. Allein die Erkenntnis, dass (etwa nach den Libet-Eimer-Haggard-Experimenten) neurologische Prozesse vor dem Bewusstseinsempfinden aufscheinen, kann ebensowenig die Annahme von Willensfreiheit in Frage stellen wie das Bestehen einer physikalischen Gesetzmäßigkeit[75].

b) Die Gewissensfreiheit

Die Gewissensfreiheit baut auf der Annahme von individuellen Wertentscheidungen auf, die der Einzelne für sich als unbedingt verpflichtend erfährt und die ihn bei gegenläufigen Rechtspflichten in einen Gewissenskonflikt im Sinne schwerer seelischer Belastung führen können[76]. Auch diese normativ begründete Annahme verzichtet auf eine naturwissenschaftliche Beweisführung.

IV
Wissen, Wettbewerb und Privatautonomie

Den Zugang zu Wissen und dessen Verarbeitung gibt der rationale Staat bestmöglich durch den Wettbewerb (von Marktteilnehmern, Regelungsinstanzen und Forschungsträgern) sowie ein hohes Maß an Privatautonomie. Dabei ist der rationale Staat sich auch der Grenzen der Rationalität des Marktes und staatsferner Entdeckungsprozesse bewußt.

1. Der rationale Staat und der Zugriff auf verfügbares Wissen

Der rationale Staat muss sich als Wissensstaat begreifen[77]. Dies heiß nicht, dass der rationale Staat sich selbst als letzten Hort allen verfügbaren Wissens begreift und die Kontrolle an die Wissensverarbeitung an sich zu ziehen sucht. In optimaler Weise organisiert der Staat den Zugang zu und die Verarbeitung von Wissen unter den Bedingungen der Kommunikationsfreiheit, der unternehmerischen Eigentums- und Berufsfreiheit, der Freiheit der Wissenschaft, des freien Wettbewerbs, auch mit ökonomischen Anreizen (etwa durch den Schutz des geistigen Eigentums). Der Schlüssel zur Entfaltung von Wissen liegt in möglichst hoher Diversität[78]. Hierzu gehören auch der Wettbewerb unterschiedlicher Regelungsinstanzen durch vertikale Gewaltenteilung und der Wettbewerb von Rechtsordnungen insgesamt[79].

Eine wesentliche Rolle für den bestmöglichen Zugriff auf verfügbares Wissen und eine möglichst effektive Verarbeitung des Wissens spielt die Entdeckungsfunktion einer dezentralen (Wirtschafts-) Ordnung und des Wettbewerbs, wie sie namentlich von *F. A. von Hayek* herausgestellt worden ist[80]. Der Wettbewerb vermittelt über die Preisbildung Kenntnisse über ihre relative Bedeutung und den Wert eines Wirtschaftsgutes in transparenter Weise[81]. Nur bei einer von subjektiver Freiheit (Privatautonomie, Berufsfreiheit und Eigentumsgarantie) her konstruierten Wettbewerbsordnung wirken die subjektiven Rechte als Vehikel effizienter Gewinnung und Verarbeitung von Informationen[82].

Mit dem normativen Rahmen für eine »spontane Ordnung« *(von Hayek[83])* leistet das Recht einen wesentlichen Beitrag zur Rationalität im Staat. Die Gewährung von Privatautonomie spielt für die bestmögliche Erschließung und Verarbeitung von Wissen eine zentrale Rolle. Die moderne Wissensgesellschaft findet in der »Privatrechtsgesellschaft«[84] den ihr naturgemäßen Rahmen. Seine verfassungsrechtliche Grundlage findet ein solches Modell in den Freiheitsrechten.

2. Die Grenzen des Vertrauens in die Rationalität des Marktes und staatsferne Entdeckungsprozesse

Das Vertrauen des rationalen Staates in die Qualität von Entdeckungsprozessen unter Bedingungen großer Autonomie des Einzelnen und von Unternehmen hat seine Grenzen. Manche Ökonomen sehen die Vorstellung eines »rationalen Marktes« längst als Mythos diskreditiert[85].

Wie die im Jahre 2007 ausgebrochene Banken- und Finanzkrise zeigt, sind auch autonom agierende Wirtschaftssubjekte der Gefahr ausgesetzt, ihr Gewinnstreben von den Wissensgrundlagen ihres Handelns abzukoppeln und in völliger Unkenntnis der möglichen Folgen ihres Tuns zu agieren. Damit wird die Bahn eines rationalen Egoismus verlassen, der zum Minimum aller Wirtschaftsethik gehört. Diese rationale Basis im Sinne eines kalkulierbaren Risikos umschreibt die Maxime des Hauses *Buddenbrook*: »Sei am Tage mit Lust bei den Geschäften, aber mache nur solche, dass Du des Nachts ruhig schlafen kannst«.

Verlassen wirtschaftliche Akteure den Pfad des rationalen Egoismus, zwingen die Bewahrung gesamtwirtschaftlicher Stabilität, die Interessen der Steuerzahler, der Arbeitnehmer und der Gläubiger auch den rationalen, seiner Wissensgrenzen bewussten Staat zur Intervention: durch scharfe Regulierung der Märkte, durch Schließung, durch marktkonforme Übernahme von Unternehmen oder gar durch Verstaatlichung.

Zur staatlichen Intervention können auch internationale Krisen drängen, die keinen Raum für zeitraubende und kostspielige Entdeckungsprozesse privater Akteure lassen. In diesem Fall wird sich auch der rationale Staat für die Zusammenarbeit auf zwischen- oder staatlicher Ebene entscheiden, etwa im Rahmen grenzüberschreitender Aufsicht über die Finanzmärkte.

V
Der Grundsatz der Verhältnismäßigkeit

Unter den verfassungsrechtlichen Maßstäben bildet der Verhältnismäßigkeitsgrundsatz das rationalitätssichernde Instrument für staatliche Eingriffe schlechthin. Dieser Grundsatz ist auf die Zweck-Mittel-Relation gemünzt. Der US-amerikanische Supreme Court spricht von einer »rational relationship to a legitimate governmental purpose«[86]. Das Verhältnismäßigkeitsprinzip umschließt die Kriterien der Geeignetheit sowie der Erforderlichkeit und das sog. Übermaßverbot bei der Abwägung von Zweck und Mittel.

Von allen Standards für staatliches Handeln sichert der Grundsatz der Verhältnismäßigkeit jedenfalls auf der Stufe der Geeignetheit und der Erforderlichkeit ein Höchstmaß an intersubjektiver Vermittelbarkeit. Zugleich öffnet der Verhältnismäßigkeitsgrundsatz die Rechtsanwendung für ein hohes Maß an Differenzierung nach den konkreten Umständen und sichert dadurch die Nachführung der Rechtsordnung an die Lebenswirklichkeit in ihrer Vielseitigkeit.

Seit einiger Zeit fließen Erwägungen der Verhältnismäßigkeit auch in die gebotene Rechtfertigung nicht nur von Eingriffen in Freiheitsrechte, sondern auch von

Ungleichbehandlungen ein. Die Rechtsprechung etwa des Europäischen Gerichtshofes für Menschenrechte verlangt im Rahmen des Diskriminierungsverbotes aus Art. 14 EMRK einen – gemessen an der Ungleichbehandlung – hinreichend gewichtigen Grund (»objective and reasonable justification«)[87]. Die sog. »neue Formel« des Bundesverfassungsgerichts nimmt im Rahmen des allgemeinen Gleichheitssatzes (Art. 3 Abs. 1 GG) bei der unmittelbaren oder auch nur mittelbaren Ungleichbehandlung von Personen eine Art Verhältnismäßigkeitsprüfung vor. Danach kommt es darauf an, »ob für die vorgesehene Differenzierung Gründe von solcher Art und solchem Gewicht bestehen, dass sie die ungleichen Rechtsfolgen rechtfertigen können«[88]. Die Ungleichbehandlung von Personen oder Sachverhalten, die sich auf die Ausübung grundrechtlicher Freiheiten oder sonst verfassungsrechtlich geschützter Positionen auswirkt, unterwirft die Rechtsprechung zum allgemeinen Gleichheitssatz einer strengen Bindung an Verhältnismäßigkeitserfordernisse[89]. So verlangt eine Ungleichbehandlung von Personengruppen, die zugleich das Persönlichkeitsrecht beeinträchtigt, eine an der Schwere der Beeinträchtigung ausgerichtete Rechtfertigung[90]. Ebenso erhält der amerikanische Supreme Court an bestimmte Merkmale anknüpfende Diskriminierungen nur dann aufrecht, »if they are suitably tailored to serve a compelling state interest«[91].

Der Grundsatz der Verhältnismäßigkeit bildet eine der großen rechtsstaatlichen Errungenschaften des 19. Jahrhunderts. Er verdankt seine Entwicklung wesentlich dem preußischen Polizeirecht[92]. Im modernen Rechtsstaat hat die verfassungsrechtliche Kontrolle auch den parlamentarischen Gesetzgeber (oder auch den Volksgesetzgeber) an die Verhältnismäßigkeit gebunden[93]. Menschenrechtliche Standards unterwerfen staatliches Handeln dem Verhältnismäßigkeitsprinzip. So verlangt etwa die Europäische Menschenrechtskonvention, dass Eingriffe in bestimmte Freiheitsrechte »in einer demokratischen Gesellschaft notwendig« sind (Art. 8 Abs. 2, 9 Abs. 2, 10 Abs. 2, 11 Abs. 2 EMRK). In der Europäischen Union müssen sich Eingriffe in die »Marktfreiheiten« einem komplexen Test der Verhältnismäßigkeit stellen[94]. Im Recht der Welthandelsorganisation (World Trade Organization – WTO –) spielt die Rechtfertigung von Handelsbeschränkungen nach Verhältnismäßigkeitskriterien eine bedeutende Rolle[95]. Auch das Recht des vertraglichen Investitionsschutzes operiert bei der Beurteilung von Eigentumsbeeinträchtigungen als entschädigungspflichtige Enteignung[96] mit einer Verhältnismäßigkeitsprüfung.

Im modernen Recht des bewaffneten (internationalen und nicht-internationalen) Konflikts (sog. »humanitäres Völkerrecht«) spielt die Verhältnismäßigkeit namentlich bei militärischem Vorgehen mit »Kollateralschäden« in der Zivilbevölkerung eine zunehmend große Rolle[97]. Hierher gehört auch das Verbot von Flächenbombardements[98], wie sie im Zweiten Weltkrieg zunächst vom Deutschen Reich, später mit massiv gesteigerter Wirkung von Großbritannien und den USA praktiziert worden sind. Verhältnismäßigkeit militärischer Mittel bedeutet aber nicht, dass ein Staat ein größeres Risiko für das Leben seiner Soldaten auf sich nehmen müsste, um die möglichen Schäden auf Seite des Gegners zu minimieren.

Die Verhältnismäßigkeitsstandards des europäischen und internationalen (völkervertraglichen) Wirtschaftsrechts bewirken eine ganz einschneidende Verkürzung politscher Optionen in den einzelnen Staaten, die dann auch Gestaltungsspielräume des demokratisch legitimierten Gesetzgebers beschneidet. Die Gesetzgeber einzelner Staaten (oder auch der Europäischen Union) haben nicht mehr die Freiheit, empirisch unhaltbaren Ängsten beliebig Raum zu geben oder sonst (gewachsenen oder neuen) »sozio-kulturellen« Vorstellungen zulasten des freien Warenverkehrs und wirtschaftlicher Betätigungsfreiheit Einzelner ungehindert Lauf zu lassen. Einfuhrverbote für Fleisch hormonbehandelter Rinder[99] oder für gentechnisch veränderte Produkte[100] müssen heute unter dem Dach der Welthandelsorganisation ebenso rational begründet werden wie ausgefeilte Systeme zu Vermarktungsbeschränkungen für audio-visuelle Waren im Interesse der »öffentlichen Moral« oder der »öffentlichen Sicherheit«[101]. Der Landtag von Oberösterreich kann nicht mehr das Gebiet des Bundeslandes einfach zur »gentechnikfreien Zone« erklären, nachdem EU-Recht die Vermarktung von gentechnisch verändertem Saatgut geregelt hat[102]. Ein EU-Mitgliedstaat kann sich bei Regelungen für eine Aktiengesellschaft (wie beim deutschen VW-Gesetz) zwar auf den Schutz von Arbeitnehmerinteressen berufen, nicht aber auf unerwünschte, aber rein hypothetische Verhaltensmuster von privaten Großaktionären, um deren Mitwirkungsrechte zugunsten des staatlichen Einflusses zu beschneiden[103].

Im englischen *common law* firmiert das dort erst spät entdeckte Verhältnismäßigkeitsprinzip als Ausprägung der *reasonableness*[104]. Ganz ähnlich setzt das WTO-Recht bei der Prüfung von Handelsbarrieren im Interesse bestimmter Allgemeinbelange wie die öffentliche Moral oder den Gesundheitsschutz im Hinblick auf die empirische Basis den Standard des Rationalen mit dem *reasonable*-Test gleich[105].

Der mit der gebotenen Verhältnismäßigkeit verbundene Gewinn an Rationalität hat seinen Preis: Er bedeutet einen empfindlichen Verlust an Entscheidungsfreiheit des *demos* und seiner parlamentarischen Repräsentanten.

1. Geeignetheit

Die Geeignetheit bildet die Projektionsfläche für Wirkungszusammenhänge zwischen einer Maßnahme und der Erreichung des verfolgten Zweckes, deren Annahme die Maßnahme tragen. Dieser Maßstab erlaubt im Allgemeinen nur bei greifbarer Fehleinschätzung der Wirklichkeit oder bei einem klar unzureichenden Bemühen um Erfassung von Kausalzusammenhängen eine Korrektur durch den Richter[106]. Unter der Gewaltenteilung des Grundgesetzes gilt dies vor allem bei Entscheidungen des parlamentarischen Gesetzgebers[107]. So ist die Annahme des Gesetzgebers, von sogenannten »weichen« Drogen wie Cannabis gehe eine ernsthafte Gesundheitsgefährdung aus, im Widerstreit der wissenschaftlichen Meinungen hinzunehmen[108]. Allerdings kann eine Beobachtungspflicht bei nicht verlässlichen Prognosen den Gesetzgeber zum anhaltenden Kontakt mit wissenschaftlicher, technischer und sozialer Entwicklung zwingen[109].

2. *Erforderlichkeit*

Die Erforderlichkeit einer Maßnahme setzt voraus, dass keine gleichwertigen (vergleichbar wirksamen) und zugleich weniger einschneidenden Alternativen (mildere Mittel) verfügbar sind. Die klassischen Anwendungsfelder des Gebotes der Erforderlichkeit liegen bei der Gefahrenabwehr und Risikobekämpfung im Polizei- und Ordnungsrecht, daneben auch im strafrechtlichen Ermittlungsverfahren. Im EU-Recht müssen sich vor allem Beschränkungen des freien Waren- und Dienstleistungsverkehrs einer strengen Prüfung der Erforderlichkeit stellen. In diesem Zusammenhang hat die Rechtsprechung des Europäischen Gerichtshofes – etwa zum Mindestalkoholgehalt von Likören[110], zum deutschen »Reinheitsgebot« für Bier[111] oder zum Niederlassungserfordernis für ausländische Versicherungen[112] – in erheblichem Maße Rationalität in der Rechtsetzung und Rechtsanwendung gestiftet.

Allerdings betont die neuere Spruchpraxis des Europäischen Gerichtshofes wieder stärker die Einschätzungsspielräume der EU-Mitgliedstaaten in bestimmten Bereichen des Ordnungsrechts wie der Bekämpfung der Spielsucht[113] und des Gesundheitsschutzes[114]. Auch im Recht der Welthandelsorganisation können die Mitglieder bei Handelsbeschränkungen im Interesse der

Gesundheit von Menschen, Pflanzen oder Tieren und anderen anerkannten Belangen das Schutzniveau in weiten Grenzen selbst festlegen. So kann etwa die Volksrepublik China bei der Vermarktung von audio-visuellen Produkten aus dem Ausland den Inhalt der »öffentlichen Moral« (Art. XX *lit.* a GATT, Art. XIV *lit.* a GATS) weithin frei bestimmen, ohne sich an in anderen Staaten gängigen Moralvorstellungen orientieren zu müssen[115]; aber bei der Sicherung des autonom festgelegten Moral-Standards muss sich China dann auf möglichst schonende Instrumente verweisen lassen (etwa Stichproben durch die Verwaltung statt Verkauf nur durch staatseigene Unternehmen)[116]. Im Welthandelsrecht dürfen die WTO-Mitglieder gesundheitspolizeiliche oder pflanzenschutzrechtliche Handelsbeschränkungen nur im Rahmen des Erforderlichen vornehmen. Dies verlangt das SPS-Abkommen (Abkommen über sanitäre und phytosanitäre Maßnahmen) in Art. 2.2.:

»Die Mitglieder stellen sicher, dass eine gesundheitspolizeiliche oder pflanzenschutzrechtliche Maßnahme nur insoweit angewendet ist, wie dies zum Schutz des Lebens oder der Gesundheit von Menschen, Tieren oder Pflanzen notwendig ist …«.

Zuweilen werden – etwa im Systemvergleich falsifizierbare – Hypothesen als Rechtfertigung für althergebrachte Beschränkungen hingenommen. So akzeptiert der Europäische Gerichtshof als Legitimation für das Verbot des Fremd- und Mehrfachbesitzes an Apotheken (wie es Deutschland oder Italien kennen) die angeblichen Gesundheitsgefahren durch das besondere Gewinnstreben juristischer Personen (im Gegensatz zu einem besonderen Berufsethos verpflichteten Eigentümer-Apotheker)[117]. Hier hätte sich prüfen lassen, ob in Ländern wie Großbritannien oder Norwegen mit Apothekenketten in Hand von Kapitalgesellschaften und mit angestellten Apothekern wirklich gesteigerte Gefahren für die Arzneimittelversorgung lauern[118]. Mit der ungeprüften Akzeptanz von bloßen Hypothesen werden die Standards der wissenschaftlich-empirischen Begründung empfindlich aufgeweicht. Wer politisches Eigenleben in den einzelnen Staaten mit dort gewachsenen Ordnungsvorstellungen höher gewichtet als strenge Rationalitätskriterien, mag aber diese Entwicklung begrüßen.

Von allen rechtsstaatlichen Grundsätzen eignet diesem Gebot des Minimaleingriffs wohl die größte Unabhängigkeit von subjektiver Wertung und damit ein Optimum an die Berechenbarkeit in der Anwendung. Die Erforderlichkeit liefert den Maßstab für Hypothesen, die entscheidend von ihrer empirischen Substanz abhängen. Die »Beweislast« für das Vorliegen milderer Mittel hängt von der verfassungsrechtlichen und gesetzlichen Funktionsteilung zwischen handelndem Organ und kontrollierender Justiz ab.

Im Rahmen der Terrorbekämpfung hat der Grundsatz der Erforderlichkeit besondere Ausprägungen gewonnen. Hierzu gehören gebotene Aufklärungsmaßnahmen im Vorfeld der gezielten Tötung und organisatorische Vorkehrungen zur möglichsten Schonung von Menschenleben. So hat der Europäische Gerichtshof für Menschenrechte die Tötung von IRA-Terroristen wegen eines anscheinend unmittelbar bevorstehenden, tatsächlich aber erst für später geplanten Anschlages in Gibraltar deswegen als Verstoß gegen Art. 2 EMRK (Recht auf Leben) eingestuft, weil die britischen Sicherheitskräfte vorher keine ausreichenden Schritte zur Überwachung getroffen hätten[119]. Während es sich hier um recht subtile (und innerhalb des Gerichtshofs umstrittene[120]) Anforderungen handelt, liegen die Verhältnisse beim militärischen Vorgehen Russlands gegen tschetschenische Rebellen anders: Der unterschiedslos wirkende Einsatz schwerer Waffen (Beschuss von besetzten Dörfern oder von Konvois) ohne jede Rücksichtnahme auf die Zivilbevölkerung (etwa durch Evakuierungsmöglichkeiten) verletzte in greifbarer Weise das Gebot der Erforderlichkeit[121]. Der Oberste Gerichtshof Israels verlangt bei »targeted killings« von aus der Deckung durch die Zivilbevölkerung heraus agierenden Terroristen oder Führern bewaffneter Gruppen Vorkehrungen zur möglichsten Schonung unbeteiligter Personen[122].

3. Übermaßverbot

Im Übermaßverbot vermengen sich erkennende und wertende Elemente. Es verlangt, dass das Gewicht des verfolgten Zweckes (Interesses) in angemessenem Verhältnis zur Schwere des Eingriffs steht. Dabei erlaubt das Gewicht der abzuwägenden Rechtsgüter eine Abstufung schonender Alternativen nach Maßgabe ihrer prognostischen Verlässlichkeiten.

Einschneidende Ermittlungsmaßnahmen im Strafprozess liefern immer wieder Beispiele für übermäßige Eingriffe – und für mangelnde Sensibilität der Justizbehörden für angemessene Zweck-Mittel-Relation: Hierher gehören die (schmerzhafte und früher nicht ungefährliche) Liquorentnahme bei Bagatellvorwürfen[123] oder die Durchsuchung von Kanzleiräumen bei Parkverstößen eines Rechtsanwalts[124]. Auch das Gebot schuldangemesser Strafe[125] und einer der Dauer nach der Gefährdung angepasste Sicherungsverwahrung[126] ist Ausprägung des Übermaßverbotes. Die Strafbarkeit des Besitzes »weicher« Drogen in kleinen Mengen zum Eigenverbrauch[127] kann ebenso das Übermaßverbot verletzen wie eine bis in hohe Alter vollzogene lebenslange Freiheitsstrafe[128]. Bei der politischen Ordnung müssen sich etwa Sperrklauseln im Wahlrecht dem Übermaßverbot stellen[129].

Die Anwendung des Übermaßverbotes verlangt eine relative Gewichtung der berührten Belange, die sowohl von ihrem tatsächlichen Umfeld als von ihrem Stellenwert in der jeweiligen Rechtsordnung abhängt. Dabei richtet sich das Ergebnis der vorzunehmenden Abwägung stark nach dem normativen Kontext (nationale Verfassung, gesetzlicher Rahmen oder völkervertragliche Ordnung). So privilegiert das Verfassungsrecht der USA die Meinungsfreiheit im Konflikt mit Persönlichkeitsrechten anderer stärker als viele europäische Rechtsordnungen[130]. Der Europäische Gerichtshof für Menschenrechte gewichtet den Schutz der Privatsphäre gegenüber der Pressefreiheit nach der Europäischen Menschenrechtskonvention[131] stärker als das Bundesverfassungsgericht[132]. Weit stärker als bei der Erforderlichkeit bestimmen beim Übermaßverbot Einschätzungsspielräume der handelnden Organe oder – bei völkervertraglichen Standards – der einzelnen Staaten die Abwägung wesentlich mit. So mag in der Türkei anders als in den meisten Staaten Europas die Einschätzung des Gesetzgebers vertretbar erschienen, eine Zehnprozent-Sperrklausel im Wahlrecht sei angesichts der herrschenden Zersplitterung des Parteiensystems im Interesse stabiler politischer Verhältnisse angemessen[133].

Die Wert- und Wertungsgebundenheit der Abwägung beschränkt nicht nur die internationale oder interkulturelle Vermittelbarkeit ihrer Ergebnisse. Sie bedeutet auch eine Aufladung des Abwägungsurteils mit subjektiven Elementen. Diese Subjektivität erschwert die Vorhersehbarkeit des Urteils und gibt Divergenzen im Ergebnis reichlich Nahrung. So wird im deutschen Recht der Schutz der Privatsphäre (der Wohnung oder der Vertraulichkeit des elektronischen Datenverkehrs) in Abwägung mit der Prävention oder Strafverfolgung schwerer Straftaten[134] ebenso kontrovers diskutiert wie die Abwägung von Meinungsfreiheit und allgemeinem Persönlichkeitsrecht (»Ehre« oder Schutz der Privatsphäre)[135]. Auch das »Patt« bei der verfassungsgerichtlichen Entscheidung über die Verwertbarkeit von Tagebucheinträgen eines um seine Gefährdetheit (und Gefährlichkeit) wissenden Sexual-Straftäters[136] zeigt die Schwierigkeiten der Konsensfindung bei komplexen Abwägungen. In jüngster Vergangenheit dokumentierte die (Mehrheits-) Entscheidung des Bundesverfassungsgerichts zur Vorratsdatenspeicherung einmal mehr die Schwierigkeit des angemessenen Interessenausgleichs[137].

4. Konsequente Verfolgung des Regelungszwecks

In engem Zusammenhang mit dem Grundsatz der Verhältnismäßigkeit steht die Forderung nach konsequenter Verfolgung des Regelungszweckes. Danach können nur solche Ziele einen Eingriff rechtfertigen, die der Staat auch mit dem Anspruch auf wirksame Erreichung verfolgt. Ein staatliches Lotteriemonopol und sonstige Verbote der Veranstaltung von Glückspielen Privater lassen sich nur dann auf die Bekämpfung der Spielsucht stützen, wenn der Staat dieses Ziel mit einer umfassenden und in sich stimmigen Strategie verfolgt[138].

Das Postulat der konsequenten Zielverfolgung berührt nicht nur das Rechtstaatsgebot innerer Kohärenz der Normgebung, sondern auch der Eignung und der Angemessenheit. In ähnlicher Weise zielt das (vor allem im Abgabenrecht) wirksame Gebot der Folgerichtigkeit auf Systemgerechtigkeit[139].

5. Keine Zweck-Mittel-Prüfung bei Erhebung von Steuern und Gewährung von staatlichen Leistungen

Eine Schwachstelle des modernen Leistungsstaates liegt darin, dass die Steuerbelastung (auch bei sog. »Zwecksteuern«) grundsätzlich keinem Übermaßverbot unterliegt. Die deutsche Rechtsprechung misst – mit engen Ausnahmen (Steuern mit »erdrosselnder« Wirkung[140] und gerade an das Eigentum anknüpfende Besteuerung[141]) – keine an die Eigentumsgarantie oder sonst ein Freiheitsrecht angeseilte Prüfung der Belastungswirkung vor[142] und gibt insoweit durch Arbeit oder Kapitaleinsatz erwirtschaftete Einkünfte des Steuerbürgers weitgehend dem Zugriff des allzeit steuerhungrigen Staates preis.

Anreizökonomische Zuwendungsmechanismen unterliegen anders als Eingriffe keinem normativen Maßstab der Wirkung und keiner Zweck-Mittel-Prüfung. Die mit Lenkungszwecken betriebene Beglückung unterschiedlicher Gruppen aus dem Füllhorn staatlicher Leistungen (familienpolitische Anreize, Förderung erneuerbarer Energien oder energieschonender Anlagen, Verschrottungsprämie für Eigentümer von Altautos und steuerliche Förderung von Gärtnerarbeit und anderen »haushaltsnahen Dienstleistungen«) unterliegen keinen normativ fassbaren Rationalitätsstandards.

Dagegen gelten bei selektiven und damit potentiell wettbewerbsverzerrenden Zuwendungen des Staates durchaus Rationalitätsmaßstäbe[143]. Nach dem EU-Beihilfenrecht (Art. 107 ff. AEU) dürfen Ausgleichszahlungen für die Erfüllung bestimmter Allgemeinwohlbelange (etwa Sicherung der Personenbeförderung in strukturschwachen Gebieten) nicht über die übernommenen Sonderlasten hinausgehen[144].

VI
Rationalität bei Gefahrenbekämpfung und Risikovorsorge

Bei Gefahrenbekämpfung und Risikovorsorge bedeutet Rationalität, dass Risikoabschätzung und Risikomanagement im größtmöglichen Umfang empirisch gesicherte Wirkungszusammenhänge berücksichtigen müssen. Dies gilt für das technische Sicherheitsrecht ebenso wie für das Recht des Umweltschutzes oder das Bankenaufsichtsrecht.

1. Rezeption des verfügbaren Wissens im Recht

Den wohl stärksten Ausdruck findet eine rationale Rechtsetzung dann, wenn sie – namentlich in Rezeptionsbegriffen – den aktuellen Wissensstand zum Maßstab der Normkonkretisierung macht. Im Atomrecht verweist § 7 Abs. 2 Nr. 3 Atomgesetz bei den Genehmigungsvoraussetzungen für Kernkraftwerke auf den »Stand von Wissenschaft und Technik«. Ähnlich bindet § 18 Transfusionsgesetz die Bundesärztekammer beim Aufstellen von Richtlinien an »den allgemein anerkannten Stand der medizinischen Wissenschaft und Technik«

2. *Völkervertragliche Standards der wissenschaftlichen Begründung*

Manche völkervertragliche Standards leisten einen wesentlichen Beitrag zu rationaler Rechtsetzung und Rechtsanwendung. Im Welthandelsrecht verlangt das SPS-Abkommen, dass eine handelsbeschränkende Maßnahme zum Schutz des Lebens oder der Gesundheit von Menschen, Tieren oder Pflanzen »auf wissenschaftlichen Grundlagen beruht und außer in Fällen nach Art. 5.7 nicht ohne hinreichenden wissenschaftlichen Nachweis beibehalten wird« (Art.2.2). Der erforderliche wissenschaftliche Nachweis lässt sich nicht durch unzureichend substantiierte Beurteilungen, ungesicherte Informationen und bloße Hypothesen, sondern nur durch wissenschaftlich anerkannte Methoden führen. Erforderlich ist eine Risikoabschätzung. Diese Beurteilung kann sich auch auf eine Mindermeinung in der Wissenschaft stützen. Stets erforderlich ist aber ein Mindestmaß an empirischer Fundierung. Deshalb ist die Europäische Union im Streit mit den USA um das Importverbot für das Fleisch hormonbehandelter Rinder (»*Hormonstreit*«) in der Welthandelsorganisation unterlegen[145]. So verbietet das WTO-Recht die Bemühung von »Phantomrisiken« zur Rechtfertigung von Handelsbarrieren.

3. Die Aufwertung »sozioökonomischer Belange«

Seit geraumer Zeit haben »sozio-ökonomische Belange« als Maßstab in die Risikoregulierung etwa beim Umgang mit gentechnisch veränderten Organismen und anderen Produkten der Gentechnik Eingang gefunden (so in Art. 26 des Protokoll von Cartagena zur Biosicherheit). Auch das EU-Gentechnikrecht nimmt etwa bei Kennzeichnung von sog. neuartigen Lebens- und Futtermitteln (»Novel Food« und »Novel Feed«) und bei der Rückverfolgbarkeit von gentechnisch veränderten Organismen wissenschaftlich nicht substantiierte Sorgen und Widerstände in der Bevölkerung auf, die sich nicht nur auf gentechnisch veränderte Organismen beziehen, sondern auf jeden Einsatz der Gentechnik bei Lebens- und Futtermittel oder Saatgut. Eine nicht von einer Risikobewertung getragene Regulierung ist dann nicht irrational, wenn das Ziel die Rücksicht auf auch rein affektiv aufgeladene Widerstände ist oder als »Risiko« die bloße Annahme von Gefahrenzusammenhängen in Teilen der Gesellschaft angesehen wird. In jedem Falle alimentiert eine von Gefahrenzusammenhängen abstrahierende Gesetzgebung irrationale Urteile in der Gesellschaft über das Bestehen oder Nichtbestehen von Gefahren für die Gesundheit. Hierin sind auch mögliche Konflikte mit dem WTO-Recht angelegt[146]. Dass die privatautonome Entscheidung etwa für gentechnikfreie (»ökologische«) Landwirtschaft und den Verzicht auf gentechnisch hergestellt Produkte eine rechtlich schutzwürdige Option für bestimmte Wirtschaftsformen und Produktlinien darstellt (und den Schutz vor zufälligen Auskreuzungen im Rahmen der »Koexistenz« unterschiedlicher Formen von Landwirtschaft oder Beimischungen trägt), liegt auf einer anderen Ebene.

4. »Restrisiko und praktische Vernunft«

Die »praktische Vernunft« als Maßstab für den Umgang mit sog. »Restrisiken« setzt eingeschränkte Rationalität im Bereich des empirisch schwer Vorstellbaren zur Reduktion von Komplexität ein[147]. Intersubjektive Vermittelbarkeit ist hier nur an den Rändern des Begreifbaren (bei eben noch im Rahmen der Alltagserfahrung fassbaren oder aber völlig entlegenen Wahrscheinlichkeiten) zu sichern.

Bei der direkten Bedrohung durch Menschen (internationaler Terrorismus oder organisierte Kriminalität) werden Eingriffe in die individuelle Freiheit als Gewissheit erlebt, der Gewinn für die Sicherheit dagegen als mehr oder weniger hypothetischer Mehrwert. Dies erschwert in glücklichen Gesellschaften mit beschränktem Erfahrungshorizont im Hinblick auf terroristische Anschläge und vergleichbare Gefährdungen eine als rational vermittelbare Abwägung.

VII
Diskriminierungsverbote

Zu einer falsifizierbaren Abbildung der Lebenswirklichkeit zwingen der allgemeine Gleichheitssatz und spezielle Diskriminierungsverbote. Die strukturelle Annäherung an die Verhältnismäßigkeitsprüfung bei der Gewichtung der Differenzierungsgründe[148] stärkt den notwendigen Realitätsbezug der Rechtfertigung von Gleichbehandlung oder Ungleichbehandlung, die sich ihrerseits auf vorgefundene Gemeinsamkeiten oder Unterschiede in der Wirklichkeit bezieht.

1. Überlagerung der Empirie durch normative Wertungen

Die Empirie als Entscheidungsmaßstab wird beim allgemeinen Gleichheitssatz und speziellen Diskriminierungsverbot wesentlich von normativen Wertungen überlagert. Dies gilt vor allem für Regelungen, die die Anknüpfung an ein bestimmtes Merkmal suspekt machen und damit eine gesteigerte Rechtfertigungslast für an dieses Merkmal geknüpfte Ungleichbehandlungen begründen. In ihrer schärfsten Form verlangen Diskriminierungsverbote einen überragend gewichtigen oder zwingenden Grund für die Ungleichbehandlung (*strict scrutiny*)[149]. Dieser Maßstab kann dazu führen, dass allgemeine Lebenserfahrung selbst bei wohlmeinender Differenzierung (etwa bei Absenkung des Arbeitnehmerschutzes für besonders junge oder ältere Personen zur Förderung der Einstellungsbereitschaft von Arbeitgebern) keine hinreichende Rechtfertigung vermittelt[150].

2. *Faktische Diskriminierungen*

Nach der Rechtsprechung des Europäischen Gerichtshofes stellen an sich allgemein geltende Regelungen, die in der Wirklichkeit mit deutlich überproportionaler Häufigkeit Angehörige einer Gruppe benachteiligen, (faktische oder mittelbare) Diskriminierungen dar, die etwa bei der Diskriminierung aus Gründen des Geschlechts oder Alters nach besonderer Rechtfertigung verlangen. Hierher gehört die Benachteiligung von geringfügig oder in Teilzeit Beschäftigten bei der Vergütung (etwa beim Weihnachtsgeld oder der Vergütung von Mehrarbeit), die überwiegend Frauen trifft[151]. Dieser weite Diskriminierungsbegriff führt zu einer massiven Einschränkung von Gestaltungsspielräumen und letztlich zu Leistungsansprüchen. Auch der Europäische Gerichtshof für Menschenrechte stuft die numerisch besondere Betroffenheit von Angehörigen einer Gruppe (etwa die überproportional hohe Zahl von Kindern aus Roma-Familien in Sonderschulen) als Diskriminierung im Sinne von Art. 14 EMRK ein[152].

3. *Typisierung*

Typisierung ist ein Werkzeug zur normativen Begrenzung des Blicks auf die Wirklichkeit. Die notwendige Generalisierung in Gesetzen zieht einen Typisierungsspielraum nach sich, der den Gesetzgeber von der Berücksichtigung aller möglichen Fallgestaltungen entlastet[153]. Die hinzunehmende Ausgrenzung des Atypischen bestimmt sich aber auch in Ansehung von Empirie und natürlichen Gesetzmäßigkeiten. Die nicht überwiegende, aber doch sehr häufige Fallgestaltung lässt sich im Rahmen zulässiger Typisierung weniger leicht ausblenden als die seltene Abweichung vom Regelfall. Aber auch die seltene Abweichung kann zu besonderer Rücksicht (durch Sonder- oder Ausnahmeregelung) drängen, wenn sie mit besonderen Einbußen vor allem an Grundrechtssubstanz verbunden ist. Die gebotene Rücksichtnahme trifft nicht erst den Normanwender, sondern schon den Gesetzgeber, wenn der Härtefall ohne weiteres vorhersehbar ist. Hier prägt das vorhandene Erfahrungswissen die Grenzen der Typisierung.

VIII
Die Deutung von Grundrechten

Die Deutung von Grundrechten und deren Schranken wird wesentlich von unterschiedlichen Leitvorstellungen über gesellschaftliche Wirkungszusammenhänge geprägt. Sie respektieren in den einzelnen Rechtsordnungen – für sich jeweils durchaus rational – unterschiedliches Erfahrungswissen und unterschiedliche Prognosen.

1. Unterschiedliches Vertrauen in die rationalitätsstiftende Wirkung der Meinungsfreiheit

Vor allem beim Verständnis der Meinungsfreiheit zeigen sich derartige Unterschiede zwischen dem europäischen Rechtsraum und den Vereinigten Staaten. Im US-amerikanischen Verfassungsrecht herrscht die Vorstellung, dass der möglichst ungestörte Meinungskampf am Ende diejenigen Positionen prämiert, die den Sieg verdienen, sei es auch nach langwieriger Auseinandersetzung auf dem »marketplace of ideas«.

In der berühmten Entscheidung *Whitney v. California* spricht *Justice Wendell Holmes Jr.* vom Glauben der Verfassungsväter in die Macht der Vernunft:

> »Believing in the power of reason as applied through public discussion, they eschewed silence coerced by law – the argument of force in its worst form. Recognizing the occasional tyrannies of governing majorities, they amended the Constitution so that free speech and assembly should be guaranteed«[154].

Oliver Wendell Holmes Jr. sieht die Funktion der freien Rede in der Befreiung von der Knechtschaft irrationaler Ängste:

> »It is the function of speech to free men from the bondage of irrational fears. To justify suppression of free speech there must be reasonable ground to fear that serious evil will result if free speech is practiced. There must be reasonable ground to believe that the danger apprehended is imminent. There must be reasonable ground to believe that the evil to be prevented is a serious one. Every denunciation of existing law tends in some mea-

sure to increase the probability that there will be violation of it«[155].

Auch die aggressive geschichtliche Wahrheit verfälschende Meinungsäußerung genießt in den USA Grundrechtsschutz, solange sie nicht zur unmittelbaren Gefahr für Einzelne und für Bevölkerungsgruppen wird. Hier herrscht das Vertrauen auf die rationalitätsstiftende Wirkung des offenen Diskurses: *Discursus, non auctoritas facit veritatem.* Dagegen herrscht in Deutschland und in vielen anderen europäischen Rechtsordnungen – oft auch im Verfassungsrecht – die Vorstellung, dass fremdenfeindliche, volksverhetzende oder geschichtsverfälschende Äußerungen hoheitlicher Disziplinierung bedürfen.

Interessant ist die Rechtfertigung, die das deutsche Bundesverfassungsgericht in seinem »Wunsiedel-Beschluss« zur Rechtfertigung des Verbotes von Versammlungen entwickelt hat, welche die nationalsozialistische Gewalt und Willkürherrschaft billigen oder verherrlichen (§ 130 Abs. 4 StGB). Danach schützen Sonderbestimmungen, die sich gerade gegen die Propaganda zugunsten der nationalsozialistischen Herrschaft richten, die »identitätsprägende« Erfahrung mit dem menschenverachtenden Regime des Dritten Reiches[156]. Die Befürwortung der nationalsozialistischen

Herrschaft »ist in Deutschland ein Eingriff auf die Identität des Gemeinwesens nach innen mit friedensbedrohendem Potential«[157]. Jenseits dieser verfassungsrechtlichen Rechtfertigung bleibt zu bedenken, dass ein Verbot bestimmter Meinungsinhalte auch Ausdruck des mangelnden Vertrauens in die realitätssichernde (und identitätsbewahrende) Kraft der Gesellschaft und des öffentlichen Meinungskampfes ist.

Auch die Rechtsprechung des Europäischen Gerichtshofs für Menschenrechte rechtfertigt derartige Eingriffe in die Meinungsfreiheit. Die transatlantischen Divergenzen entfalten sich vor allem im unterschiedlichen Umgang mit hetzerischen Äußerungen im Internet[158].

2. *Schutz historischer Wahrheit*

Die Sicherung von Rationalität durch den Staat im Meinungskampf zugunsten historischer Wahrheit durch Verbote ist ein legitimes Mittel zum Schutz des kollektiven Gedächtnisses, welches das Selbstverständnis der rechtlich verfassten Gemeinschaft prägt. Prägnantes Beispiel ist die Strafbarkeit der Leugnung des Holocausts (§ 130 Abs. 3 StGB). Die ordnende Hand des Staates wird so zum Instrument von Rationalität und geschichtlicher Wahrheit.

IX
Der rationale Staat und die Wirtschaftsordnung

Auf ökonomischem Gebiet entfaltet der Rationalitätsbezug der Rechtsordnung – im Guten wie im Schlechten – besondere Wirksamkeit. Voraussetzung hierfür ist stets eine auf ökonomische Rationalität zielende Entscheidung des Verfassungs- oder Gesetzgebers.

1. Auslegung und ökonomisches Erfahrungswissen

Ökonomische Erfahrungen sind geeignet, sogar Verfassungsgrundsätze zu relativieren, sie gewissermaßen teleologisch zu reduzieren. Ein Beispiel bildet die Durchbrechung des Demokratieprinzips durch die Unabhängigkeit der Zentralbank, die mit der empirischen Verknüpfung mit der Preisstabilität gerechtfertigt wird. Hier findet ökonomische Rationalität in der Verfassungsexegese besonders prägnant Ausdruck. Auf der anderen Seite findet diese ökonomische Rationalität als Deutungskanon im objektiven Willen des Verfassungs- oder Gesetzgebers ihre Grenzen[159].

2. *Normativer Zwang zur Haushaltsdisziplin*

Einen in der Staatengeschichte beispiellosen Triumph feiert der Versuch staatliches Handeln mit den Mitteln des Rechts in die Bahnen ökonomischer Rationalität zu zwingen in den Bestimmungen über die Haushaltsdisziplin im AEU-Vertrag und im »Stabilitäts- und Wachstumspakt«. Dabei zeigt die Diskussion über einen Sanktionsautomatismus ebenso wie die Reform des Stabilitäts- und Wachstumspaktes die Grenzen für die Möglichkeiten auf, ökonomische Weisheit zu Recht gerinnen zu lassen.

Einmal lassen sich gerade demokratisch organisierte Staaten bei grundlegenden wirtschaftspolitischen Weichenstellungen nicht einfach wie nachgeordnete Verwaltungseinheiten disziplinieren. Dies zeigen die schweren Auseinandersetzungen um die Maßnahmen zum Abbau der Staatsschulden und zur Verhinderung des Staatsbankrotts in Griechenland. Bei dieser Auseinandersetzung liegen wieder unterschiedliche Rationalitäten im Streit. Der Staat verfolgt mit rigiden Sparmaßnahmen in rationaler Manier das Ziel, seine Kreditwürdigkeit zu stärken. Der Bürger, der gegen diese Maßnahmen zu Felde zieht, handelt rational im Interesse individueller Besitzstände, aber irrational, soweit es um die Minderung der Schuldenlast für seine Kinder und Enkel geht. Wenn die von der Europäischen Union von den anderen EU-Mitgliedstaaten eingeforderte Haushaltskonsolidierung zu höheren Steuern und zur Senkung der Gehälter im öffentlichen Dienst führt, mag für die Betroffenen die Legitimität aufgezwungener Rationalität im Interesse der Stabilität des Euro schwinden.

Auch beim Streit um finanziellen Beistand für vom Staatsbankrott bedrohte Mitglieder der Euro-Zone (Griechenland) ringen verschiedene Rationalitäten miteinander, die unterschiedlichen Zwischen-Zielen verpflichtet sind: nämlich Haushaltsdisziplin und Alleinverantwortung der Schuldnerländer einerseits, Vertrauen in den Zusammenhalt der Euro-Zone andererseits. So konkurriert der konsequente Zwang zur Haushaltsdisziplin ohne die Garantie der Unterstützung durch die Europäischen Union und die anderen Mitgliedstaaten mit der Stärkung des Vertrauens in den Euro und den Zusammenhalt der Währungsunion durch die Aussicht solidarischer Rettungsmaßnahmen als *ultima ratio*[160]. Auf der Meta-Ebene treffen sich beide Rationalitäten im gemeinsamen obersten Ziel der Sicherung der Währungsstabilität.

Zum anderen lassen sich die Wechselfälle ökonomischer Krisen sehr schwer in das Korsett starrer Handlungsanweisungen zwängen. Dies hat die Europäische

Union mit der Reform des Stabilitäts- und Wachstumspaktes erkennen müssen. Denn bei einem finanziell strauchelnden Staat mit anhaltendem übermäßigen Haushaltsdefizit können die Sanktionsmechanismen des Stabilitäts- und Wachstumspaktes zum endgültigen Absturz zwingen. Deshalb erlauben die Änderungen der Verordnung EG Nr. 1467/97 auch bei einer Schrumpfung oder bei relativ niedrigem Wachstum der Wirtschaftsleistung von einer Ingangsetzung des Defizitverfahrens mit seiner Sanktionsspirale abzusehen (Art. 2 Abs. 2)[161].

Unter dem Eindruck der europarechtlichen Pflichten zur Haushaltsdisziplin haben sich in Deutschland Bund und Länder zu absoluten Grenzen für die Kreditaufnahme in den neuen Regelungen des Grundgesetzes zur »Schuldenbremse« (Art. 109 Abs. 3, 115 Abs. 2 GG) durchgerungen[162]. Auch angesichts langer Übergangsfristen steht die Bewährungsprobe für den verfassungsrechtlichen Zwang zu strenger Haushaltsdisziplin noch aus.

3. Grenzen der Wirksamkeit normativ verankerter Rationalität in politisch sensiblen Bereichen

Regelungen, die in politisch hochsensiblen Bereichen Handlungsanweisungen im Dienste bestimmter Wirkungszusammenhänge geben, sind besonders gefährdet, unter dem Druck unerwarteter Ereignisse neutralisiert zu werden. Die persuasive oder dissuasive Wirkung solcher Regelungen hängt davon ab, wie die beteiligten Akteure Verhaltenserwartungen begründen.

Der Grundsatz des »No bail-out«, also die Alleinhaftung der EU-Staaten für ihre Verbindlichkeiten (Art. 125 AEU) soll disziplinierende Wirkung auf die nationale Ausgabenpolitik entfalten und so die Stabilität des Binnenwerts (Kaufkraft) und des Außenwerts des Euro sichern. Dennoch rechnen die Kapitalmärkte weithin mit einer Solidarität der Europäischen Union und ihrer finanziell stabileren Mitgliedstaaten für einzelne allmählich dem Staatsbankrott näher rückende Mitglieder der europäischen Familie. Denn der Staatsbankrott eines Mitglieds der Euro-Zone würde das Vertrauen der Kapitalmärkte in die Unionswährung nachhaltig beschädigen. Er würde (wie im Fall Griechenlands) im großen Stil Banken und sonstige private Gläubiger anderer EU-Mitgliedstaaten treffen.

X
Die Gefahren für rationales Staatshandeln

Die Gefahren für eine rationale Gesetzgebung und rationales Staatshandeln überhaupt sind vielfältig. Im demokratischen Verfassungsstaat nährt der Blick auf das periodisch wiederkehrende Plebiszit die Orientierung an kurzfristigen politischen Renditen.

1. Neigung zur Staatsverschuldung

Demokratische Staatswesen haben eine besondere Neigung zum Haushaltsdefizit und zur Verschiebung von Schuldenlasten auf künftige Generationen (auch wenn diese Versuchung kein Monopol der Demokratie ist)[163]. Energische Schritte zur Eindämmung der Staatsverschuldung rufen jedenfalls im demokratischen Sozialstaat energischen Widerstand oder zumindest Unmut weiter Bevölkerungsschichten hervor. Aus der Sicht der sich verschuldenden Generation stellt die Kreditaufnahme mit der Deckung aktueller Ausgaben (und damit verbundener Wohltaten) durch Einnahmen in der Zukunft sich als komfortable »Zeitmaschine« dar[164]. Was gegen diese Versuchungen die vertragliche Verpflichtung der EU-Staaten zur Haushaltsdisziplin und die neue »Schuldenbremse« im Grundgesetz[165] auszurichten vermögen, bleibt abzuwarten.

2. *Institutionelle Sicherung von Rationalität*

Die Schaffung von unabhängig von einer politischen Agenda waltenden Organen ist vor allem in normativ nicht oder schwach gesteuerten Bereichen wie der Währungspolitik ein *rocher de bronze* der staatlichen Rationalität. Hierin liegt die rechtspolitische Rechtfertigung einer unabhängigen, jeder Einflussnahme durch die anderen politischen Organe entzogenen Zentralbank, wie sie zum Eckpfeiler der Europäischen Währungsunion gemacht worden ist (Art. 130 AEU)[166].

Schon früh hat *Max Weber* die rationalitätssichernde Funktion eines Fachbeamtentums herausgearbeitet[167]. Der AEU-Vertrag bekennt sich in Art. 298 Abs. 1 zu einer »offenen, effizienten und unabhängigen europäischen Verwaltung« (siehe auch zum »Recht auf eine gute Verwaltung« Art. 41 der Charta der Grundrechte der Europäischen Union).

In vielen Ländern ist die Rationalität des Staatshandelns durch Intransparenz, Korruption und andere Formen des Machtmissbrauches bedroht. Korruption führt nicht nur zur Vermengung von Amt und Eigennutz, zu Ineffizienz und Mehrkosten für die öffentliche Verwaltung. Sie alimentiert auch oft in der Sache schlechthin falsche, dem Gemeinwesen abträgliche Entscheidungen[168]. Im Bemühen um sachgerechte Entscheidungen bringt das Regulierungsrecht der Europäischen Union tektonische Verschiebungen in der innerstaatlichen Gewaltenteilung im Verhältnis nationaler Verwaltungsbehörden gegenüber dem parlamentarischen Gesetzgeber. So hat der Europäische Gerichtshof im Telekommunikationsrecht bestimmte Bereiche der Aufsicht über Telekommunikationsmärkte zugunsten nationaler Regulierungsbehörden unter Verwaltungsvorbehalt gestellt und der Detailsteuerung durch den Gesetzgeber entzogen[169]. Hier stellen sich Grundfragen demokratischer Legitimation und administrativer Gestaltungsbefugnisse außerhalb parlamentarischer Lenkung[170].

XI
Rationalität des Staates und individuelle Freiheit

Der freiheitliche Rechtstaat zeichnet sich auch dadurch aus, dass er dem Einzelnen weiten Raum für Entscheidungen gibt, die sich nicht notwendig staatlichen Zielen fügen (und insoweit als nicht rational begründet erweisen mögen) und völlig außerhalb strategischer Planung des Staates liegen können. Gerade dadurch sichert der Staat den Ideen- und Rollenwettbewerb der Privaten untereinander und mit dem Staat, der stets neues Wissen hervorbringt und eine vergleichende Bewertung konkurrierender Modelle erlaubt. In diesem Sinne erweist sich die staatlich garantierte Freiheit zu individueller »Irrationalität« als Grundlage des Staates, der die Rationalität zum Maßstab eigenen – und nur des eigenen – Handelns macht.

1. Staatlich ungelenkte Freiheit zum pursuit of happiness

Diese Freiheit entfaltet sich vor allem in der Privatautonomie und in Kommunikationsgrundrechten. Dahinter steht auch die Einsicht in die Beschränktheit staatlichen Wissens und rational nur bedingt beherrschbare Zielkonflikte ebenso wie die Achtung der höchstpersönlichen Natur des *pursuit of happiness*. Autonomie des Einzelnen bedeutet mit der Freiheit zur eigenen Zieldefinition auch die Emanzipation von einem staatlichen Urteil über Rationalität.

2. Bedrohung durch paternalistische Regelungen

Bedroht wird diese Freiheit mit dem Einbruch paternalistischer Regelungen in die private Lebensgestaltung mit einer zum Gesetz erhobenen Tugendlehre. Paternalistische Verbote im Sinne einer Erziehung zum Gutmenschentum lassen den Wettbewerb von Modellen und Lebensformen auch in seiner Entdeckungsfunktion schwinden.

Je mehr der Staat jenseits des Schutzes grundlegender Rechts- und Lebensgüter und jenseits des Ausgleiches unterschiedlicher Kräfteverhältnisse (»Schutz des Schwächeren«) »gutes« – d.h. sozial wünschenswertes – Verhalten im Privatrechtsverkehr verbindlich macht, schwindet der Raum für privatautonome Gestaltung und für Vertragsfreiheit. Hierher gehören etwa durch weitreichende Diskriminierungsverbote für Arbeitgeber, Vermieter oder Auftraggeber. Dennoch bedarf die prononcierte Warnung vor einem

»Tugendterror« durch Diskriminierungsverbote[171] der Nuancierung. Bestimmte Gründe der Ungleichbehandlung (etwa Rasse oder ethnische Herkunft) treffen im Gegensatz zu anderen Kriterien auch im Privatrechtsverkehr die Stellung des Einzelnen in der rechtlich verfassten Gemeinschaft im Nerv. Bei der Beseitigung bestimmter Diskriminierungsverbote hätte wohl auch die Minderheit des US Supreme Court im Falle *Romer v. Evans*[172] im Hinblick auf eine Ungleichbehandlung etwa aus Gründen der Rasse – anders als bei der sexuellen Orientierung[173] – sicher keinen Raum für einen legitimen (und mit rationalen Mitteln betriebenen) »Kulturkampf« gesehen.

XII
Geschichtliche Erfahrung als Rahmen für die Entfaltung von Rationalität

Letztlich wäre es weder sinnvoll noch wünschenswert, das Recht ganz unter das Diktat einer wie auch immer verstandenen Rationalität zu stellen. Vor allem lassen sich die jeweils eigenen geschichtlichen Erfahrungen einer Nation nicht einfach in Maßstäbe einer universellen Rationalität überführen.
Oliver Wendell Holmes Jr. sagt ganz richtig:

> »The law embodies the story of a nation's development through many centuries, and it cannot be dealt with as if contained only in the axioms and corrollaries of a book of mathematics«[174].

So lassen sich manche transatlantische Divergenzen im Stellenwert der Meinungsfreiheit oder der Persönlichkeitsrechte auf unterschiedliche Erfahrungen in der Historie zurückführen. In Deutschland und Europa herrscht die immer noch lebendige Erfahrung mit der Verführbarkeit der Massen und dem Terror einer Rassenideologie, während die USA in einen blutigen Bürgerkrieg die elementaren Menschenrechte durchgesetzt haben.

Vielleicht liegt in der Verbindung von historischer Erfahrung und einem darauf gestützten Leitbild der verfassten Gemeinschaft einerseits und falsifizierbarer Einsicht andererseits der Schlüssel zur rechten Dosierung von Rationalität im modernen Staat.

Anmerkungen

1 *K. R. Popper,* Vermutungen und Widerlegungen, 2000, Kap. 18, S. 521: »Durch *rein* rationale oder wissenschaftliche Mittel läßt sich keine Entscheidung über Ziele herbeiführen. Trotzdem können sich Argumente als außerordentlich hilfreich erweisen bei dem Bestreben, zu einer Entscheidung über Ziele zu gelangen.« Zur Zweckrationalität *M. Weber,* Wirtschaft und Gesellschaft, 1922, 4. Aufl. 1956, Erster Halbband, Erster Teil, § 2; *T. Raiser,* Max Weber und der Rationalität des Rechts, JZ 2008, S. 853 ff.

2 Hierzu *R. Zimmermann,* Zur Minarettsverbotsinitiative in der Schweiz, ZaöRV 69 (2009), S. 829 ff.; Zum Vorwurf der Irrationalität *L. Bärfuss,* Die Irrationalität hat jetzt Verfassungsrang, Frankfurter Allgemeine Zeitung vom 5. Dezember 2009, S. 38.

3 Hierzu *I. Brownlie,* International Law, 7. Aufl. 2008, S. 71; m. w. Nachw. *M. Herdegen,* Völkerrecht, 9. Aufl. 2010, S. 76; *M. Shaw,* International Law, 6. Aufl. 2008, S. 511 ff.; *A. Verdross/B. Simma,* Universelles Völkerrecht, 3. Aufl. 1984, S. 226 ff.

4 Hierzu *J. Rawls,* Gerechtigkeit als Fairness, 2003; aus Sicht des Völkerrechts *T. Franck,* Fairness in International Law, 1995.

5 Art. 127 Abs. 1 Satz 1 des Vertrages über die Arbeitsweise der Europäischen Union.

6 Art. 126 des Vertrages über die Arbeitsweise der Europäischen Union; Art. 1 des Protokolls über das Verfahren bei einem übermäßigen Defizit.

7 Art. 109 Abs. 3, 115 Abs. 2 GG.

8 Siehe zu Art. 115 Abs. 1 Satz 2 GG (a.F.) und Art. 109 Abs. 2 GG (a.F.) BVerfGE 119, 96 (Leitsatz 3); BVerfGE 67, 256 (288): »Jedenfalls kann es nicht Aufgabe des Bundesverfassungsgerichts sein, einen solchen – in mehrfacher Hinsicht weitreichenden – Schritt im Wege einer Interpretation zu tun. Steht die Frage der Einführung »rückzahlbarer Steuern« politisch an, ist es Sache des verfassungsändernden Gesetzgebers, darüber zu befinden; ihm ist es vorbehalten, die dabei erforderlichen Abwägungen verfassungs- und finanzpolitischer Art vorzunehmen und gegebenenfalls die notwendigen Regelungen zu treffen.«

9 Siehe zur Verpflichtung auf Preisstabilität als »Grundnorm« der Europäischen Währungsunion *M. Herdegen*, Price Stability and Budgetary Restraints in the Economic and Monetary Union: the Law as Guardian of Economic Wisdom, Common Market Law Review 35 (1998), S. 9.

10 *Weber* spricht von »Wertrationalität« im »bewussten Glauben an den ethischen, ästhetischen, religiösen oder wie auch immer zu deutenden Eigenwert« eines bestimmten Handelns, (Anm. 1) Erster Teil, § 2.

11 BVerfGE 45, 187 (227); 96, 375 (399); *M. Herdegen*, in: Maunz/Dürig, Grundgesetz, Art. 1 Abs. 1, Rn. 4 (2009).

12 *T. von Aquin*, Summa Teologica I qu. 28 ad 3; qu. 83, 2; qu. 96 ad 1; II.2 qu. 67, 2; hierzu *L. Honnefelder*, Menschenwürde und Transzendenzbezug, DZPhil 57 (2009), S. 273 ff. (276 ff., 283 ff.).

13 *M. Herdegen*, Das Überpositive im positiven Recht, in: O. Depenheuer/M. Heintzen/M. Jestaedt/P. Axer (Hrsg.), Festschrift für Josef Isensee, 2007, S. 135 (137).
14 BVerfGE 68, 1 (86).
15 BVerfGE 61, 82 (114 f.); 84, 34 (50); 95, 1 (15); BVerfG (3. Kammer des Ersten Senats), NJW 2002, S. 1638 (1639).
16 BVerfGE 68, 1 (89).
17 BVerfGE 89, 155 (208 f.).
18 *S. Seyr*, Der effet utile in der Rechtsprechung des EuGH, 2008.
19 Hierzu unten unter VII. 2.
20 Siehe *R. Posner*, Economic Analysis of Law, 7. Aufl. 2007.
21 Hierzu etwa *H. Eidenmüller*, Effizienz als Rechtsprinzip, 1995, S. 41 ff.; *K. Mathis*, Effizienz statt Gerechtigkeit, 2006; *D. Wielsch*, Die epistemische Analyse des Rechts, JZ 2009, S. 67 (69). Zu einem ökonomischen Konzept kollektiver Güter *M. Anderheiden*, Ökonomik, Gemeinwohl und Verfassungsrecht, in: M. Bungenberg u.a. (Hrsg.), Recht und Ökonomik, 2004, S. 113 (120 ff.); *ders.*, Gemeinwohlförderung durch Bereitstellung kollektiver Güter, in: W. Brugger u.a. (Hrsg.), Gemeinwohl in Deutschland, Europa und der Welt, 2000, S. 391 ff.; siehe auch *J.F. Lindner*, Verfassungsrechtliche Rahmenbedingungen einer ökonomischen Theorie des Öffentlichen Rechts, JZ 2008, S. 957 ff.
22 Siehe *S. Magen*, Rechtliche und ökonomische Rationalität im Emissionshandelsrecht, in: Recht und Markt, 49. Assistententagung Öffentliches Recht, 2009, S. 9 (11 ff.).
23 Siehe etwa Protokoll über den Binnenmarkt und Wettbewerb; *M. Herdegen*, Europarecht, 12. Aufl. 2010, S. 274 f.
24 Hierzu *O. Budzinski*, »Wettbewerbsfreiheit« und »More Economic Approach«: Wohin steuert die Europäische

Wettbewerbspolitik, in: M. Gruševaja/C. Wonke/U. Hösel/M. H. Dunn (Hrsg.), Quo vadis Wirtschaftspolitik, Festschrift für Norbert Eickhof, 2008, S. 15 ff.; *D. Hildebrandt*, The Role of Economic Analysis in the EC Competition Rules, 3. Aufl. 2009.

25 Siehe etwa *E.-J. Mestmäcker*, in: ders. (Hrsg.), Wirtschaft und Verfassung in der Europäischen Union, 2. Aufl. 2006, S. 725 (728); *ders.*, A Legal Theory without Law, 2007, S. 22 f.

26 Hierzu *Herdegen*, Europarecht, 12. Aufl. 2010, S. 387 f.

27 Siehe die sogenannten »Bankenmitteilungen« der Kommission, etwa Mitteilung der Kommission zur Anwendung der Vorschriften für staatliche Beihilfen auf Maßnahmen zur Stützung von Finanzinstituten im Kontext der derzeitigen globalen Finanzkrise, ABl. C 270 vom 25.10.2008, S. 8.

28 *J. P. Beckmann*, Wissen, Rationalität und Orientierungswissen. Zum konsensfähigen Umgang mit aktuellen Debatten, in: Jahrbuch für Wissenschaft und Ethik, Bd. 14 (2009), S. 5 ff.

29 Siehe *M. Herdegen*, in: Maunz/Dürig, GG, Art. 1 Abs. 1 Rn. 20 (2009); *L. Honnefelder* (Anm. 12), S. 276 ff., 283 ff.

30 So – inspiriert von *Karl Popper* (Logik der Forschung, 11. Aufl. 2005, S. 54 und passim) – BVerfGE 49, 89 (143).

31 EGMR, *Refah/Partisi (Wohlfahrtspartei) u.a. ./. Türkei*, Urteil vom 13. Februar 2003, Beschwerde Nr. 41340/98; 41342/98; 41343/98; 41344/98, EuGRZ 2003, S. 206, Nr. 89: »There can be no democracy without pluralism.«

32 Siehe *M. Herdegen* (Anm. 13), S. 135 (142); *B. Rüthers*, Zwischenruf aus der methodischen Wüste, NJW 2006,

S. 958 ff. (959 f.) mit Verweis auf *H. Weinkauff*, Die deutsche Justiz und der Nationalsozialismus, 1968, S. 180.

33 EGMR, *Refah/Partisi (Wohlfahrtspartei) u.a. ./. Türkei* (Anm. 31).

34 BVerfGE 39, 334 (369).

35 *C. Rumpf*, Das Laizismusprinzip in der Rechtsordnung der Republik Türkei, JöR 36 (1987), S. 179 (183 ff.); *F. Saglam*, Religionsfreiheit und Laizismus, in: O. Depenheuer/I. Dogan/O. Can (Hrsg.), Zwischen Säkularität und Laizismus, 2005, S. 95 ff.

36 Siehe zum Kopftuchverbot in der Türkei EGMR (Große Kammer), Urteil vom 10. November 2005, *Leyla Sahin ./. Türkei*, Beschwerde Nr. 44/774/98, Nr. 104 ff.; zu Frankreich *P. Rädler*, Religionsfreiheit und staatliche Neutralität an französischen Schulen, ZaöRV 56 (1996), S. 353 ff.

37 *Bärfuss* (Anm. 2).

38 BVerfGE 108, 282 (294 ff.); VGH Mannheim, VBlBW 2008, S. 437 ff.

39 Siehe etwa zur Nichtbefreiung einer muslimischen Schülerin vom Schwimmunterricht OVG Münster, NVwZ RR 2009, S. 923 f.

40 *K. Schlaich*, Neutralität als verfassungsrechtliches Prinzip, 1972, S. 132 ff. und passim; *S. Huster*, Die ethische Neutralität des Staates, 2002; *H.-W. Strätz*, »Die Religionen Müsen alle Tollerieret werden«- Religion als Gesetzesbegriff, in *M.-E. Geis* u.a. (Hrsg.), Festschrift für Hartmut Maurer, 2001, S. 445 (453); Siehe auch BVerfG (3. Kammer des Ersten Senats) NJW 2009, S. 31 (51), Rn. 15: »Der Staat darf keine gezielte Beeinflussung im Dienste einer bestimmten politischen, ideologischen

oder weltanschaulichen Richtung betreiben; er darf sich auch nicht durch von ihm ausgehende oder ihm zuzurechnende Maßnahmen ausdrücklich oder konkludent mit einem bestimmten Glauben oder einer bestimmten Weltanschauung identifizieren und dadurch den religiösen Frieden in der Gesellschaft von sich aus gefährden.«.

41 EGMR, *Lautsi ./. Italien*, Urteil vom 3. November 2009, Beschwerde Nr. 30814/06, Nr. 47 ff.

42 EGMR, *Leyla Sahin ./. Türkei* (Anm. 36), Nr. 107.

43 Die Präambel spricht vom »kulturellen, religiösen und humanistischen Erbe Europas, aus dem sich die unverletzlichen und unveräußerlichen Rechte des Menschen sowie Freiheit, Demokratie, Gleichheit und Rechtsstaatlichkeit als universelle Werte entwickelt haben«. Siehe *K. Naumann*, Eine religiöse Referenz in einem Europäischen Verfassungsvertrag, 2008.

44 Siehe etwa Art. 4 Abs. 1 und Abs. 2 GG, Art. 140 GG i. V. m. Art 136 Abs. 1 und Abs. 2 WRV, Art. 3 Abs. 3 GG, Art 33 Abs. 2 GG; Art. 9 und Art 14 EMRK.

45 BVerfGE 52, 223.

46 BVerfGE 93, 1.

47 Vgl. einerseits BVerwGE 121, 140, andererseits BVerwGE 131, 242.

48 EGMR, *Lautsi ./ .Italien* (Anm. 41).

49 EGMR, *Leyla Sahin ./. Türkei* (Anm. 36), Nr. 104 ff.

50 UN-Menschenrechtsausschuss, Mitteilung Nr. 931/2000 vom 18.1.2005, *Hudoyberganova v. Uzbekistan*, CCPR/C/82/D/931/2000, *sub* 6.2.

51 Siehe zur Pönalisierung von sexuell »abweichendem« Verhalten zustimmendes Sondervotum von *Warren Burger C.J.*, in: *Bowers v. Hardwick*, 478 U.S. 186 (196) [1986]:

»Condemnation of those practices is firmly rooted in Judeo-Christian moral and ethical standards. Homosexual sodomy was a capital crime under Roman law.«

52 Siehe die Kritik des Vorsitzenden der Deutschen Bischofskonferenz am schweizerischen Minarettverbot, Stuttgarter Nachrichten, 30. November 2009, S. 5, so auch in der Erklärung der Deutschen Bischofskonferenz »Moscheebau in Deutschland«, Die deutschen Bischöfe, Nr. 88, 25. September 2008, S. 9.

53 Siehe *H.-G. Franzke,* Die Laizität als staatskirchenrechtliches Leitprinzip Frankreichs, DÖV 2004, S. 383 ff.

54 Siehe *W. Heun,* Die Trennung von Staat und Kirche in den Vereinigten Staaten von Amerika, in: K.-H. Kästner u.a. (Hrsg.) Festschrift für Martin Heckel, 1999, S. 341 ff.

55 EGMR, *Refah/Partisi (Wohlfahrtspartei) u.a. ./. Türkei* (Anm. 31), Nr. 95; EGMR, *Leyla Sahin ./. Türkei* (Anm. 36), Nr. 111, 115.

56 EGMR, *Leyla Sahin ./, Türkei* (Anm. 36), Nr. 111, 115.

57 Siehe auch die Präambel der Verfassung des Freistaates Bayern: »Angesichts des Trümmerfeldes, zu dem eine Staats- und Gesellschaftsordnung ohne Gott, ohne Gewissen und ohne Achtung vor der Würde des Menschen die Überlebenden des Zweiten Weltkrieges geführt hat…«.

58 BVerfGE 41, 29 (52); 52, 223 (237, 239 f.); vgl. auch BVerfGE 93, 1 (22).

59 Hierzu *P. Badura,* Verfassung, Staat und Gesellschaft in der Sicht des Bundesverfassungsgerichts, in: *P.Badura/H. Dreier* (Hrsg.), Festschrift 50 Jahre Bundesverfassungsgericht, Bd. II, 2001, S. 897 ff. (905); *P. Lerche,* Grundrechtlicher Schutzbereich, Grundrechtsprägung und Grundrechtseingriff, in: *J. Isensee/P.Kirchhof* (Hrsg.),

Handbuch des Staatsrechts, 2. Aufl., Bd. V, 2000, § 121, Rn. 17 ff. Weitergehend für den Rückgriff auf das christliche Menschenbild bei der Verfassungsauslegung etwa *C. Starck*, in: v. Mangoldt/Klein/Starck, Grundgesetz, 5. Aufl., Bd. 1, 2005, Art. 1, Rn. 5; *K.-A. Schwarz*, Das christlich-abendländische Fundament des Grundgesetzes als Topos der Verfassungsinterpretation, in: R.Grote u.a. (Hrsg), Festschrift für Christian Starck, 2007, S. 418 ff. m. w. Nachw.

60 Siehe BVerfGE, 93, 1 ff.; EGMR, *Leyla Sahin ./. Türkei* (Anm. 36), Nr. 47 ff.

61 Siehe etwa Art. 131 Abs. 2 der Bayerischen Verfassung; Art. 12 Abs. 1 der Baden-Württembergischen Verfassung.

62 EGMR, Urteil vom 20. September 1994, *Otto-Preminger-Institut ./. Österreich*, Beschwerde Nr. 13470/87.

63 US Supreme Court, *Romer v. Evans*, 517 U.S. 620, 634 (1996).

64 US Supreme Court (Anm. 63), 634.

65 US Supreme Court (Anm. 63), 635.

66 US Supreme Court (Anm. 63), 640 ff.

67 US Supreme Court (Anm. 63), 636.

68 BVerfGE 120, 224; hierzu abweichendes Votum des Vizepräsidenten *Hassemer*, aaO, 255 ff.

69 *T. Hobbes*, Leviathan, 2. lat. Fassung 1668, Kap. 26.

70 Siehe Art. 4 Abs. 3, Art. 12a GG; hierzu *M. Herdegen*, Kriegsdienstverweigerung aus Gewissensgründen, in: J. Listl/D. Pirson (Hrsg.), Handbuch des Staatskirchenrechts der Bundesrepublik Deutschland, 2. Aufl. 1994, Bd. II, S. 505 ff.

71 Hierzu m. w. Nachw. *M. Herdegen*, Gewissensfreiheit und Normativität des positiven Rechts, 1989, S. 299 ff.;

ders., Gewissensfreiheit, in: J. Listl/D. Pirson (Hrsg.), Handbuch des Staatskirchenrechts der Bundesrepublik Deutschland, 2. Aufl. 1994, Bd. I, S. 500.

72 Vgl. BGHSt 2, 194 (200).

73 Hierzu BVerfGE 26, 186 (204); 42, 261 (262).

74 Siehe *K. Schneider*, Normativität und Risikoentscheidung, 2008, S. 227 ff.

75 Siehe eingehend *K. Popper*, Das offene Universum, 2001.

76 BVerfGE 12, 45 (55); zur Gewissensfreiheit m. w. Nachw. *M. Herdegen*, Gewissensfreiheit und Normativität des positiven Rechts, 1989; *ders.*, (Anm. 70), S. 481 ff.

77 *B. Fassbender*, in: J. Isensee/ P. Kirchhof (Hrsg.), Handbuch des Staatsrechts, Bd. IV, 3. Aufl. 2006, § 76.

78 Siehe *F. A. von Hayek*, The Use of Knowledge in Society, Individualism and Economic Order, 1948, S. 77 ff., 92 ff.

79 Hierzu *L. Michael*, Wettbewerb von Rechtsordnungen, DVBl. 2009, S. 1062 ff.

80 *F. A. von Hayek*, Wettbewerb als Entdeckungsverfahren, in: F. A. von Hayek (Hrsg.), Freiburger Studien, 1969, S. 249 ff.

81 Grundlegend *von Hayek* (Anm. 78), S. 86 ff., 92 ff.

82 Vgl. *Wielsch* (Anm. 21), JZ 2009, S. 71.

83 *F. A. von Hayek*, Rechtsordnung und Handelnsordnung. Aufsätze zur Ordnungsökonomik, 2003, S. 15 ff., 92 ff..

84 *F. Böhm*, Privatrechtsgesellschaft und Marktwirtschaft, in: ORDO. Jahrbuch für die Ordnung von Wirtschaft und Gesellschaft, Bd. 17 (1966), S. 75 ff.

85 Zur Ineffizienz und Irrationalität von Finanzmärkten unter anderem unter Verweis auf die Theorien von Lawrence Summers und Robert Shiller *J. Fox*, The Myth of the Rational Market, 2009.

86 US Supreme Court (Anm. 63), 635 [im Anschluss an US Supreme Court, *Kadrmas v. Dickinson Public School,* 487 U.S. 450, 462 (1988)].

87 EGMR (Große Kammer), Urteil vom 13. November 2007, *D.H. u.a. ./. Tschechische Republik,* Beschwerde Nr. 57325/00, Nr. 196 ff.

88 BVerfGE 110, 274 (291); siehe schon BVerfGE 55, 72 (88).

89 BVerfGE 116, 135 (161).

90 So BVerfGE 116, 243 (260).

91 US Supreme Court, *Cleburne v. Cleburne Living, Inc.,* 473 U.S. 432, 440 (1985).

92 PrOVGE 13, 426 (427 f.); 38, 421 (426 f.); 51, 284 (288).

93 Exemplarisch BVerfGE 90, 145 (172 f.).

94 EuGH, Rs. 120/78, *Cassis de Dijon,* Slg. 1979, 649; Rs. 178/84, *Reinheitsgebot,* Slg. 1987, 1227 ; hierzu m. w. Nachw. *M. Herdegen,* Europarecht, 12. Aufl. 2010, S. 295 ff.

95 Appellate Body Report *China – Affecting Trading Rights and Distribution Services for Certain Publications and Audiovisual Entertainment Products,* WT/DS363/R (2009); Apellate Body Report, *Japan – Measures Affecting the Importation of Apples,* WT/DS 245 (2003); hierzu m. w. Nachw. *M. Herdegen,* Internationales Wirtschaftsrecht, 8. Aufl. 2009, S. 158 ff.; *G. Kapterium,* A Critique of the WTO Jurisprudence on »Necessity«, International and Comparative Law Quaterly 59 (2010), S. 89 ff.

96 ICSID, *Tecmed v. Mexico,* Case No. ARB (AF) 002, International Legal Materials 43 (2004), S. 133 Nr. 122.; *R. Dolzer/C. Schreuer,* Principles of International Investment Law, 2008, S. 101 ff.; *M. Herdegen* Internationales Wirtschaftsrecht, 8. Aufl. 2009, S. 270 f.

97 Siehe Art. 51 des Ersten Zusatzprotokolls zu den Genfer Rotkreuz-Konventionen; Oberster Gerichtshof von Israel, *The Public Committee Against Torture in Israel v.the Government of Israel*, HCJ 769/02, Nr. 7; hierzu *A. Barak*, The Role of a National Court Judge in Protecting Human Rights, in: S. Breitenmoser u.a. (Hrsg.), Neue Herausforderungen und Perspektiven für den Schutz der Menschenrechte, 2008, S. 27 ff.

98 Art. 51 Abs. 5 *lit.* a des Ersten Zusatzprotokolls zu den Genfer Rotkreuz-Konventionen.

99 Zum »Hormonstreit« Appellate Body Report *European Communities – Measures Concerning Meat and Meat Products*, WT/DS 26/AB/R, WT/DS 48/AB/R (1998), Nr. 187, 193 f.

100 Zum Moratorium für die Genehmigung gentechnischer Produkte in der Europäischen Gemeinschaft Panel Report *European Communities – Measures Affecting the Approval and Marketing of Biotech Products*, WT/DS/291 (2006).

101 Appellate Body Report *China – Affecting Trading Rights and Distribution Services for Certain Publications and Audiovisual Entertainment Products*, WT/DS363/AB/R (2009).

102 EuGH, Rs. T-366/03, 235/04, *Oberösterreich ./. Kommission*, Slg. 2005, II-4005.

103 EuGH, Rs. C-112/05, *Kommission ./. Deutschland*, Slg. 2007, I-8995 Rn. 74 f.

104 House of Lords, *Associated Provincial Picture Houses v Wednesbury Corporation*, [1948] 1 KB 223, 229 *per* Lord Greene MR; House of Lords; *Council of Civil Service Unions v. Minister for the Civil Service*, [1985] AC. 374, 410 *per* Lord Diplock.

105 Appellate Body Report *European Communities – Measures Concerning Meat and Meat Products*, WT/DS 26/AB/R, WT/DS 48/AB/R (1998), Nr. 194.

106 BVerfGE 104, 337 (347 f.); EuGH, Rs. C-192/0, *Kommission ./. Dänemark* , Slg. 2003 I-9693 – Verbot von Vitaminzusätzen; EuGH, Rs. C-42/07, *Liga Portugesa de Futebal Profissional*, Slg. 2009, I -.

107 Zur Einschätzungsprärogative des Gesetzgebers BVerfGE 95, 1 (17 ff.); BVerfGE 119, 96 (146 f.).

108 BVerfGE 90, 145, 178 ff. – *Cannabis*.

109 BVerfGE 107, 150 (179 f.); BVerfG, Urteil vom 9.2.2010, 1 BvL 1/09, 1 BvL 3/09, 1 BvL 4/09, NJW 2010, S. 505 (508, 518).

110 EuGH, Rs. 120/78, *Cassis de Dijon*, Slg. 1979, 649, Rn. 13.

111 EuGH, Rs. 178/84, *Reinheitsgebot*, Slg. 1987, 1227, Rn. 25, 44.

112 EuGH, Rs. 205/84, *Kommission ./. Deutschland*, Slg. 1986, 3755, Rn. 41 ff.

113 EuGH, Rs. C-275/92, *Schindler*, Slg. 1994, I-1039 Rn. 60 f.

114 EuGH, Rs. C-171/07, 172/07, *Deutscher Apothekerverband*, Slg. 2009, I – Rn. 19 = NJW 2009, S. 2112.

115 Appellate Body Report *China – Affecting Trading Rights and Distribution Services for Certain Publications and Audiovisual Entertainment Products*, WT/DS363/AB/R (2009) Nr. 7.759.

116 Appellate Body Report, *China – Affecting Trading Rights and Distribution Services for Certain Publications and Audiovisual Entertainment Products*, WT/DS363/AB/R (2009) Nr. 7.759.

117 EuGH, *Deutscher Apothekenverband* (Anm. 114), Rn. 37: »...Als Berufsapotheker ist bei ihm aber davon auszuge-

hen, dass er die Apotheke nicht nur aus rein wirtschaftlichen Zwecken betreibt, sondern auch unter einem beruflich-fachlichen Blickwinkel. Sein privates Interesse an Gewinnerzielung wird somit durch seine Ausbildung, seine berufliche Erfahrung und die ihm obliegende Verantwortung gezügelt, da ein etwaiger Verstoß gegen Rechtsvorschriften oder berufsrechtliche Regeln nicht nur den Wert seiner Investition, sondern auch seine eigene berufliche Existenz erschüttert.« Kritisch zu einem solchen Ansatz etwa *T. Kruis,* Das Leitbild des Apothekers in der (nicht notwendig eigenen) Apotheke, EuZW 2007, S. 175 (177); *R. Streinz,* JuS 2009, S. 1034 (1036 f.).

118 Siehe auch *M. Herdegen/J. Wasem/S. Greß,* Das Verbot des Fremd- und Mehrfachbesitzes an Apotheken, Gesundheitsrecht 2009, S. 409 ff.

119 EGMR, *McCann ./. Vereinigtes Königreich,* A/324-A = HRLJ 1995, S. 760.

120 Siehe abweichendes Votum der Richter *Ryssdal, Bernhardt, Thór Vilhjálmsson, Gölcüklü, Palm, Pekkanen, Sir John Freeland, Baka, Jambrek* (Anm. 119).

121 EGMR, Urteile vom 24.02.2005, *Medka Isayeva u. a. ./. Russland,* Beschwerde Nr. 57947/00; *Zara Isayeva ./. Russland,* Beschwerde Nr. 57950/00.

122 Oberster Gerichtshof von Israel, Urteil vom 11. Dezember 2005, *Public Committee against Torture in Israel v. Government of Israel,* HCJ 769/02.

123 BVerfGE 16, 194.

124 BVerfGK 9, 143.

125 BVerfGE 45, 187 (zu absoluter Strafandrohung bei Mord).

126 BVerfGE 109, 133.

127 BVerfGE 90, 145.

128 BVerfGE 72, 105 (114).

129 BVerfGE 6, 84 (92 f.) (zur 5%-Klausel). Zur 10%-Klausel im türkischen Wahlrecht EGMR (Große Kammer), *Yumak u.a ./. Türkei*, NVwZ-RR 2010, S. 81, Nr. 126 ff.

130 Hierzu *G. Nolte*, Beleidigungsschutz in der freiheitlichen Demokratie, 1992, S.16 ff.; *C. Mensching*, Hassrede im Internet: Grundrechtsvergleichung und regulatorische Konsequenzen, 2010 [im Erscheinen].

131 EGMR, *Caroline von Monaco ./. Deutschland*, NJW 2004, S. 2647.

132 BVerfGE 101, 361.

133 EGMR (Große Kammer), *Yumak u.a. ./. Türkei*, NVwZ-RR 2010, S. 81 Nr. 110 ff., 126 ff.

134 Siehe BVerfGE 109, 279 (315 ff.); 123, 89.

135 Siehe BVerfGE 93, 266; 99, 185.

136 BVerfGE 80, 367 mit abweichendem Votum von vier Richtern, aaO, 80, 380 ff.

137 BVerfG, NJW 2010, S. 833 (Rn. 204 ff.); abweichende Meinung der Richter Schluckebier und Eichberger, aaO, Rn. 310, 315 ff., 335 ff.

138 EuGH, Rs. C- 243/01, *Gambelli*, Slg. 2003, I-13031; BVerfGE 115, 276 (309).

139 Siehe BVerfGE 122, 210 (230 f., 242 ff.) – *Pendlerpauschale*. Zu bedenken bleibt, dass eine allzuscharfe Prüfung der Systemgerechtigkeit nicht in eine *gouvernement des juges* münden darf.

140 BVerfGE 87, 153 (169).

141 BVerfGE 93, 121 (137 f.); 93, 165 (175) – *Halbteilungsgrundsatz*.

142 Siehe etwa BVerfGE 110, 274 – *Ökosteuer*.

143 Zum »*rational investor*-Test« oben bei Anm. 26.

144 EuGH, Rs. C-280/00, *Altmark Trans*, Slg. 2003, I-7747 Rn. 95.

145 Appellate Body Report *European Communities – Measures Concerning Meat and Meat Products*, WT/DS 26/AB/R, WT/DS 48/AB/R (1998), Nr. 187, 193 f.

146 *M. Herdegen*, Koextistenz und Haftung, 2004, S. 33 f.

147 Siehe zum »Restrisiko« im Atomrecht BVerfGE 49, 89 (137 ff.).

148 Hierzu oben, V. (bei Anm. 87).

149 US Supreme Court, *Toyosaburo Korematsu v. United States*, 323 U.S. 214 (1944); hierzu auch *J. E. Nowak/R. D. Rotunda*, Constitutional Law, 6. Aufl. 2000, S. 639 f.

150 Hierzu EuGH, Rs. C-144/04, *Mangoldt*, Slg. 2005, I-9981 Rn. 65.

151 EuGH, Rs C-300/06, *Voß*, Slg. 2007, I-10573, Rn. 25; Rs. C-281/97, *Krüger*, Slg 1999, I-5217, Rn. 25 ff.; Rs. C-4/02, 5/02, *Schönheit*, Slg. 2003, I-12575, Rn. 84 f.

152 EGMR (Große Kammer), *D.H. ./. Tschechische Republik* (Anm. 87), Rn. 175.

153 BVerfGE 26, 141 (158f.); 103, 310 (319f.).; *P. Badura*, in: J. Isensee/ P. Kirchhof (Hrsg.), Handbuch des Staatsrechts, Bd. VII, 1992, § 163, Rn. 26.

154 US Supreme Court, *Whitney v. People Of State Of California*, 274 U.S. 357, 375 f. (1927).

155 US Supreme Court (Anm. 154), 376.

156 BVerfG, NJW 2010, S. 47, Rn. 65.

157 BVerfGE, NJW 2010, S. 47, Rn. 66.

158 Hierzu *Mensching* (Anm. 130).

159 Zu Art. 109 Abs. 2 GG a.F. und Art. 115 Abs. 1 Satz 2 GG a.F., BVerfGE 119, 96 (Leitsatz 3).

160 Hierzu *M. Herdegen*, Was die EU-Verträge wirklich zum Bail-out sagen, Handelsblatt vom 17. März 2010, S. 7.

161 Vgl. *Herdegen* (Anm. 23), S. 402 f.

162 *H. Tappe*, Die neue »Schuldenbremse« im Grundgesetz, DÖV 2009, S. 881 ff.

163 Siehe *J. M. Buchanan/R. E. Wagner*, Democracy in Deficit, 1977.

164 *A. P. Lerner*, Burden of Debt, in: J. Ferguson (Hrsg.) Public Debt in Future Generations, 1964, S. 91 (93).

165 Hierzu oben unter IX., 2.

166 Siehe BVerfGE 89, 155 (207).

167 *Max Weber* (Anm. 1), S. 815.

168 *P. Eigen*, Korruption als Hemmnis wirtschaftlicher Entwicklung, in: R. Dolzer/M. Herdegen/B. Vogel (Hrsg.), Good Governance, 2007, S. 66 ff.

169 EuGH, Rs. C-427/07, *Kommission ./ .Bundesrepublik Deutschland*, Slg. 2010, I- Rn. 2 = JZ 2010, S. 195 mit Anm. von *K. F. Gärditz*.

170 Siehe *M. Herdegen*, Freistellung neuer Telekommunikationsmärkte von Regulierungseingriffen, Multimedia und Recht 2006, S. 580 ff.

171 So zum EuGH-Urteil im Falle *Mangoldt* (Rs. C-144/04, Slg. 2005, I-9981) der Kommentar »Tugendterror aus Luxemburg«, Frankfurter Allgemeine Zeitung vom 3. Dezember 2005, S. 11.

172 US Supreme Court (Anm. 63); hierzu oben unter, II. 4.

173 US Supreme Court (Anm. 63), abweichendes Votum, 517 U.S. 620, 636 (1996).

174 From the first of 12 Lowell Lectures delivered by *Oliver Wendell Holmes Jr.* on 23 November 1880.

Schönburger Gespräche zu Recht und Staat

Band 1	Josef Isensee: Tabu im freiheitlichen Staat
Band 2	Udo Di Fabio: Die Staatsrechtslehre und der Staat
Band 3	Paul Kirchhof: Der Staat als Garant und Gegner der Freiheit
Band 4	Gerd Roellecke: Staat und Tod
Band 5	Karl Korinek: Staat und Kunst
Band 6	Wolfgang Graf Vitzthum: Der Staat der Staatengemeinschaft
Band 7	Eckart Klein: Staat und Zeit
Band 8	Otto Depenheuer: Selbstbehauptung des Rechtsstaates
Band 9	Peter Michael Huber: Staat und Wissenschaft
Band 10	Christian Hillgruber: Staat und Religion
Band 11	Christian Waldhoff: Staat und Zwang
Band 12	Matthias Jestaedt: Die Verfassung hinter der Verfassung
Band 13	Christoph Grabenwarter: Staat und Medien
Band 14	Matthias Herdegen: Staat und Rationalität
Band 15	Bernd Greszick: Die Teilung der staatlichen Macht
Band 16	Helge Sodan: Staat und Verfassungsgerichtsbarkeit